Herbert Mayr

Bodensee Nord

mit südlichem Oberschwaben

50 Berg- und Talwanderungen am deutschen Bodensee-ufer, im südlichen Oberschwaben und im Westallgäu

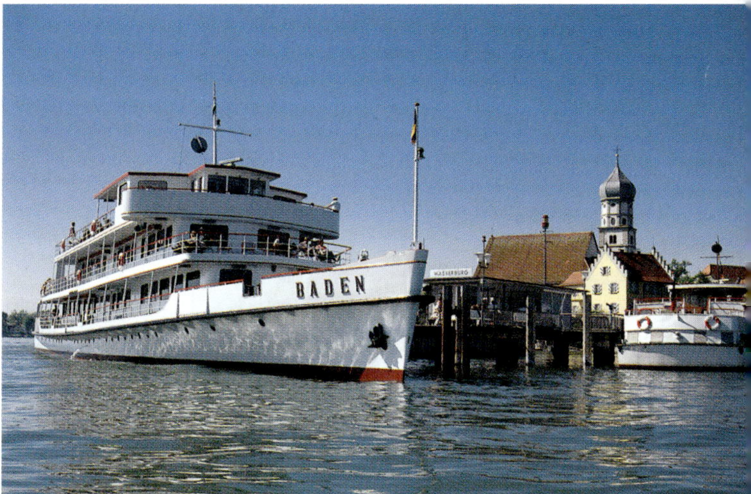

ROTHER
BERGVERLAG

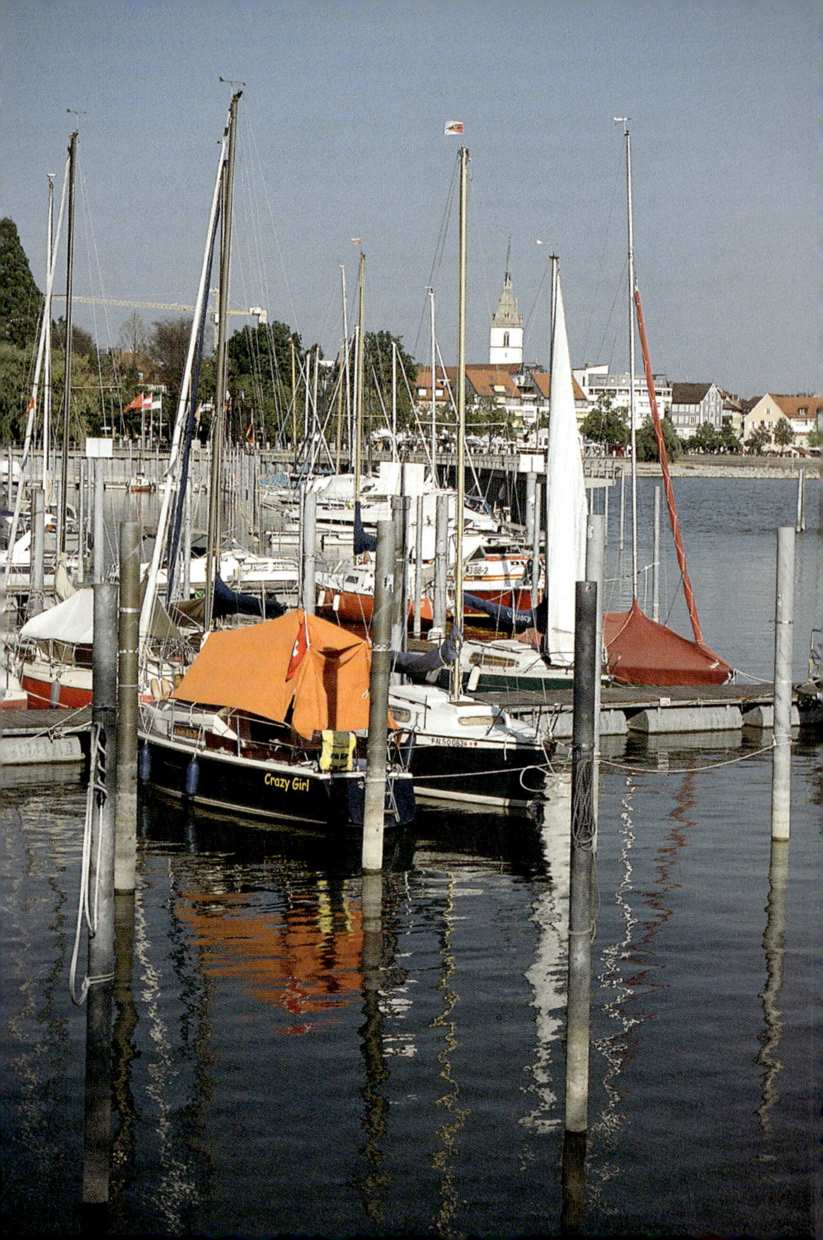
Crazy Girl

VORWORT

Malerische Badebuchten und eindrucksvolle Steiluferlandschaften, weiße Segel auf windgekräuseltem Wasser, Rebhänge und duftende Obstgärten, zur Auflockerung behagliche Fischerdörfer und kühle Wälder, unverfälschte Bachtäler und wilde Tobel. Der vom Rhein durchströmte drittgrößte See Mitteleuropas am Fuß der Alpen mit seinem teils südländischen, teils nordländischen Flair und der Fülle an Schutzgebieten und Sehenswürdigkeiten bietet für jeden etwas: pulsierendes Leben, viel Beschaulichkeit, Augenblicke der Stille.
Neben seiner abwechslungsreichen Natur ist das Dreiländergewässer auch für geschichtsträchtige Kultur berühmt. Eine erstklassige Ferienregion, in der sich Künstler niedergelassen haben, inspiriert vom magischen Farbenspiel des großen Sees, der eine beinahe ozeanische Weite vermittelt. Besonders attraktiv präsentiert er sich zur Blütezeit, vor der anziehenden Silhouette der schneebedeckten Berge. Ein Fest für Körper, Geist und Seele.
Alles in allem ist die Fruchtkammer Bodensee ein Reich für Genießer, ein Ausflugsdorado zu allen Jahreszeiten, erschlossen durch ein vorbildliches Wanderwegesystem. Auf den sorgfältig erkundeten Touren, die bis auf eine Ausnahme alle umweltbewusst mit öffentlichen Verkehrsmitteln erreichbar sind, begegnet man zudem einer Gastronomie vom Feinsten.
Von Stein am Rhein bis zum Pfänder reicht das Tourengebiet am nördlichen Bodensee. Gegliedert werden die stimmungsvollen Teilgebiete – der fjordartige Untersee, das verschwisterte Paar Zeller See und Gnadensee und der mit dem Überlinger See zusammenhängende riesige Obersee – durch die anmutige Halbinsel Höri, die Gemüseinsel Reichenau und den lang gezogenen, waldreichen Bodanrück. Das hügelige Hinterland offeriert eine unbeschwerte Heiterkeit. Es erstreckt sich von den schroffen Hegau-Vulkanruinen über das ausgedehnte südliche Oberschwaben mit dem freundlichen Linzgau, den abschnittsweise ausgeprägten Flusstälern der Deggenhauser Aach, Schussen und Argen bis hinein ins bergige Westallgäu.
Neben klassischen Etappen auf dem 250 Kilometer langen Bodensee-Rundwanderweg am badischen, württembergischen und bayerischen Ufer hält dieser Wanderführer eine beachtliche Auswahl an wenig begangenen Routen bereit, mal auf komfortablen Wegen, mal auf versteckten Pfaden, die aber nur selten einen besonderen Orientierungssinn verlangen.
Für die unterhaltsamen Entdeckungstouren am facettenreichen Schwäbischen Meer wünsche ich Ihnen spannende und entspannende Stunden.

Unterthingau, im Frühjahr 2022 — Herbert Mayr

Friedrichshafen, die Messe- und Zeppelinstadt. Im Hafen lädt das Zeppelinmuseum zu einem Besuch ein.

INHALTSVERZEICHNIS

SYMBOLE

Symbole im Tourenkopf

- Mit Bahn/Bus erreichbar
- Einkehrmöglichkeit unterwegs
- für Kinder geeignet

Symbole im Höhenprofil

- Ort mit Einkehrmöglichkeit
- bewirtschaftete Hütte, Gasthaus
- Bushaltestelle
- Bahnhof
- Seilbahn
- Gipfel
- Grotte, Höhle
- Kirche, Kapelle, Kloster
- Schloss, Ruine
- Picknickplatz
- Aussichtsplatz
- Wassermühle
- Bademöglichkeit
- Brunnen

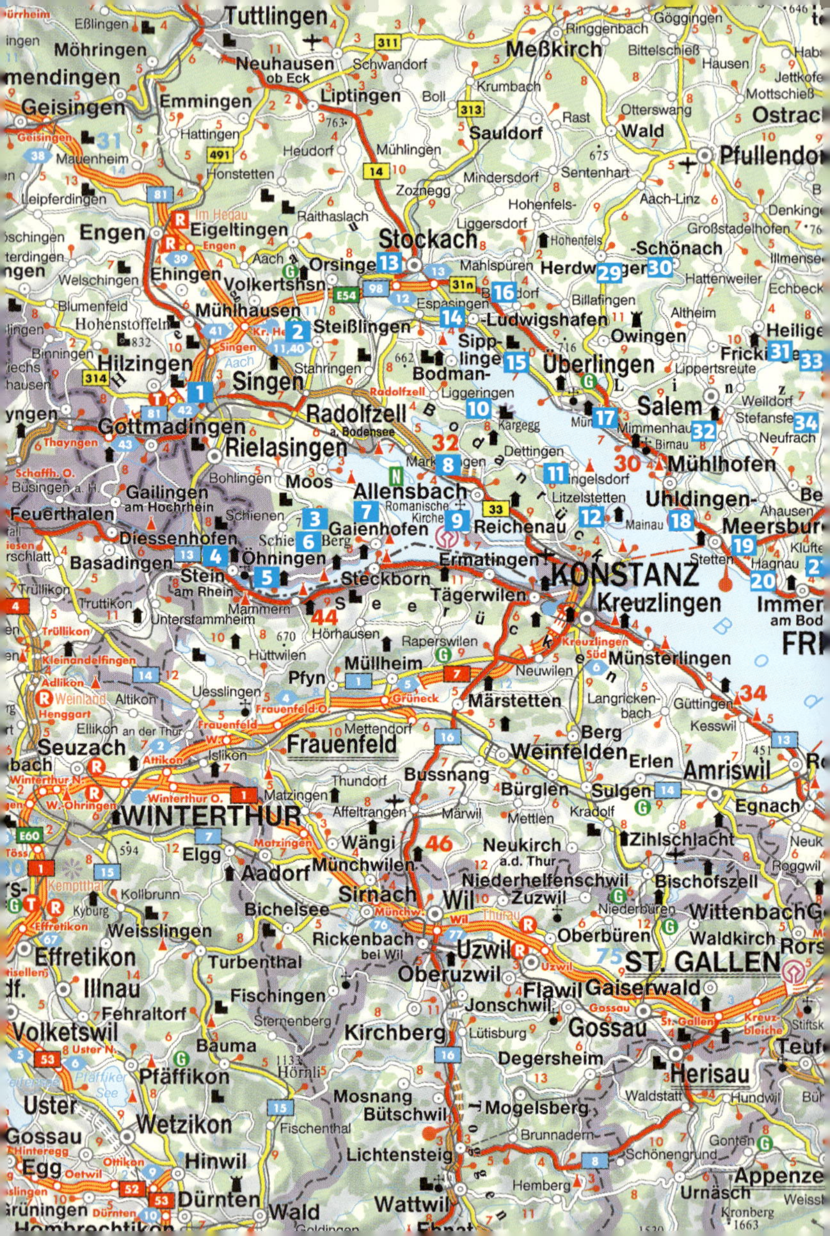

Tuttlingen
Eßlingen
Möhringen
Neuhausen ob Eck
Schwandorf
Meßkirch
Ringgenbach
Göggingen
Bittelschieß
Hausen
Geisingen
Emmingen
Liptingen
Boll
Krumbach
Sauldorf
Rast
Otterswang
Wald
Ostrach
Pfullendorf
Mauenheim
Hattingen
Heudorf
Mühlingen
Mindersdorf
Sentenhart
Honstetten
Zoznegg
Hohenfels
Aach-Linz
Leipferdingen
Raithaslach
Liggersdorf
Denkingen
Großstadelhofen
Engen
Eigeltingen
Stockach
Schönach
Im Hegau
Aach
Orsingen
Mahlspüren
Herdwangen
Welschingen
Ehingen
Volkertshsn.
Espasingen
Billafingen
Hattenweiler
Illmensee
Echbeck
Blumenfeld
Mühlhausen
Ludwigshafen
Altheim
Owingen
Heiligenberg
Hohenstoffeln
Steißlingen
Sipplingen
Frickingen
Binningen
Hilzingen
Stahringen
Bodman-
Überlingen
Lippertsreute
Singen
Liggeringen
Salem
Weildorf
Stefansfeld
Neufrach
Radolfzell a. Bodensee
Kargegg
Mimmenhausen
Birnau
Gottmadingen
Thayngen
Rielasingen
Markelfingen
Dettingen
Mühlhofen
Bohlingen
Moos
Allensbach
Dingelsdorf
Uhldingen-
Buesingen a. H.
Gailingen am Hochrhein
Litzelstetten
Ahausen
Feuerthalen
Schienen
Gaienhofen
Romanische Kirche
Reichenau
Mainau
Meersburg
Diessenhofen
Berg
Öhningen
Ermatingen
KONSTANZ
Stetten
Hagnau
Kluftern
Basadingen
Stein am Rhein
Steckborn
Tägerwilen
Kreuzlingen
Immenstaad am Bodensee
Trüllikon
Truttikon
Mammern
Unterstammheim
Hörhausen
Raperswilen
Münsterlingen
Hüttwilen
Neuwilen
Kleinandelfingen
Pfyn
Müllheim
Adlikon
Altikon
Uesslingen
Märstetten
Langrickenbach
Güttingen
Weinland
Frauenfeld O.
Grüneck
Kesswil
Henggart
Ellikon an der Thur
Frauenfeld
Mettendorf
Berg
Seuzach
Islikon
Weinfelden
Erlen
Amriswil
Winterthur N.
Attikon
Thundorf
Bussnang
Bürglen
Sulgen
Egnach
W.-Ohringen
Winterthur O.
Matzingen
Affeltrangen
Märwil
Mettlen
Kradolf
WINTERTHUR
Wängi
Neukirch a.d. Thur
Zihlschlacht
Elgg
Aadorf
Münchwilen
Niederhelfenschwil
Bischofszell
Roggwil
Kemptthal
Kollbrunn
Sirnach
Wil
Zuzwil
Niederbüren
Wittenbach
Kyburg
Bichelsee
Münchw.
Thurau
Oberbüren
Waldkirch
Effretikon
Weisslingen
Rickenbach bei Wil
Uzwil
ST. GALLEN
Turbenthal
Oberuzwil
Illnau
Fischingen
Flawil
Gaiserwald
Fehraltorf
Jonschwil
Gossau
Volketswil
Sternenberg
Kirchberg
Lütisburg
Stiftskirche
Uster N.
Bauma
Kreuzbleiche
Teufen
Pfäffikon
Hörnli
Degersheim
Herisau
Pfäffiker See
Uster
Mosnang
Mogelsberg
Waldstatt
Hundwil
Bütschwil
Wetzikon
Fischenthal
Brunnadern
Gonten
Gossau
Hinteregg
Ottikon
Hinwil
Lichtensteig
Schönengrund
Egg
Oetwil
Dürnten
Hemberg
Appenzell
Wald
Wattwil
Urnäsch
Grüningen
Hombrechtikon
Kronberg 1663
Bodensee
Untersee
Thur
Toggenburg

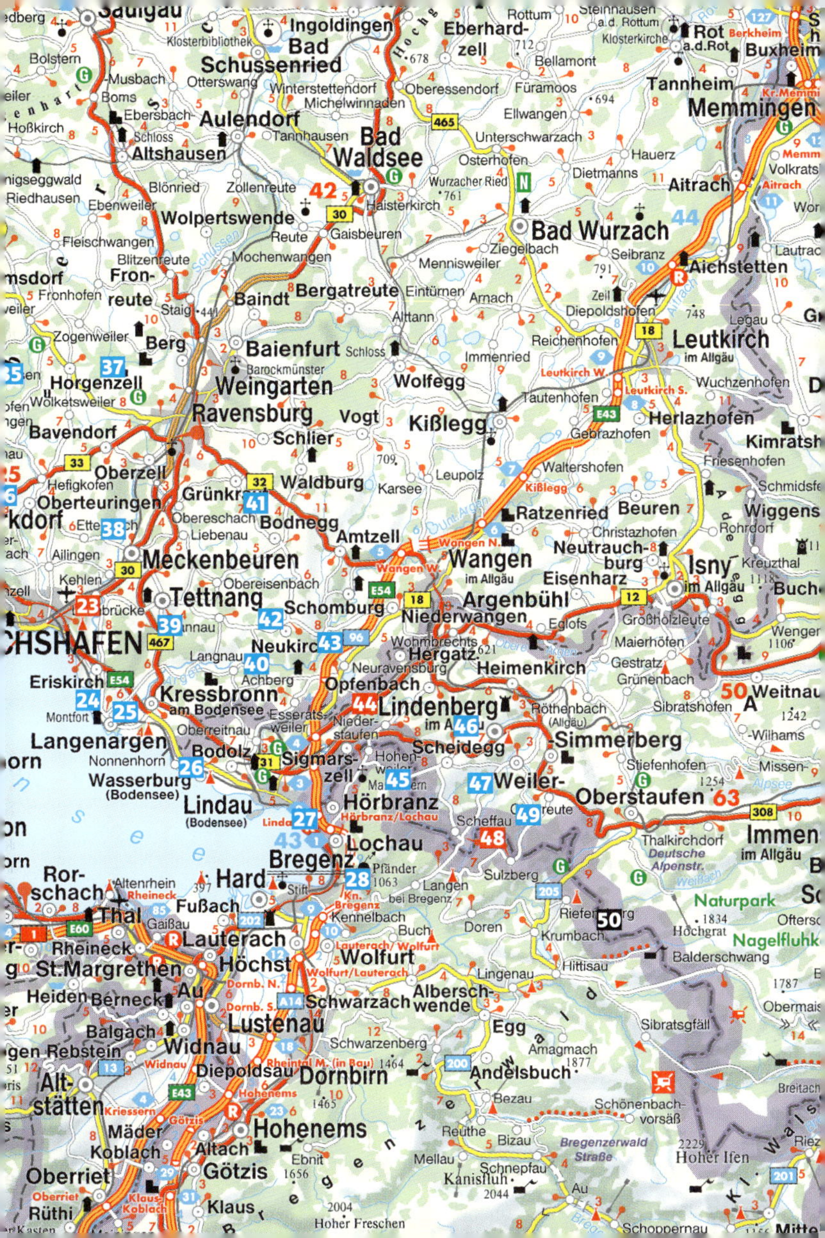

Saulgau
Ingoldingen
Bad Schussenried
Eberhardzell
Rottum
Steinhausen a.d. Rottum
Rot a.d.Rot
Berkheim
Buxheim
Klosterbibliothek
Klosterkirche
Bolstern
Musbach
Otterswang
Winterstettendorf
Oberessendorf
Bellamont
Füramoos
Tannheim
Memmingen
Boms
Michelwinnaden
Ellwangen
Ebersbach
Aulendorf
Unterschwarzach
Hoßkirch
Schloss
Tannhausen
Bad Waldsee
Osterhofen
Hauerz
Altshausen
Dietmanns
Aitrach
Volkratshofen
Wurzacher Ried
Königseggwald
Blönried
Zollenreute
Haisterkirch
Riedhausen
Ebenweiler
Wolpertswende
Bad Wurzach
Gaisbeuren
Reute
Ziegelbach
Seibranz
Fleischwangen
Mochenwangen
Aichstetten
Blitzenreute
Menniswеiler
Fronreute
Bergatreute
Eintürnen
Fronhofen
Arnach
Zeil
Staig
Baindt
Alttann
Diepoldshofen
Legau
Zogenweiler
Berg
Reichenhofen
Leutkirch im Allgäu
Baienfurt
Immenried
Barockmünster
Leutkirch W.
Leutkirch S.
Horgenzell
Weingarten
Wolfegg
Wuchzenhofen
Wolketsweiler
Tautenhofen
Ravensburg
Vogt
Kißlegg
Herlazhofen
Bavendorf
Schlier
Gebrazhofen
Kimratshofen
Friesenhofen
Oberzell
Waltershofen
Hefigkofen
Waldburg
Leupolz
Schmidsfelden
Oberteuringen
Grünkraut
Karsee
Wiggensbach
Markdorf
Obereschach
Bodnegg
Ratzenried
Beuren
Rohrdorf
Ettenkirch
Liebenau
Christazhofen
Ailingen
Amtzell
Wangen N.
Meckenbeuren
Neutrauchburg
Isny im Allgäu
Kreuzthal
Wangen W.
Wangen im Allgäu
Eisenharz
Buchenberg
Kehlen
Obereisenbach
Tettnang
Schomburg
Niederwangen
Argenbühl
Eglofs
Großholzleute
Friedrichshafen
Langnau
Neukirch
Wohmbrechts
Hergatz
Maierhöfen
Wengen
Eriskirch
Achberg
Neuravensburg
Heimenkirch
Gestratz
Grünenbach
Opfenbach
Kressbronn am Bodensee
Lindenberg im Allgäu
Röthenbach (Allgäu)
Sibratshofen
Weitnau
Montfort
Esseratsweiler
Niederstaufen
Simmerberg
Wilhams
Langenargen
Oberreitnau
Scheidegg
Stiefenhofen
Nonnenhorn
Bodolz
Sigmarszell
Hohenweiler
Missen
Wasserburg (Bodensee)
Möggers
Hörbranz
Weiler
Oberstaufen
Lindau (Bodensee)
Hörbranz/Lochau
Scheffau
Oberreute
Thalkirchdorf
Immenstadt im Allgäu
Lochau
Deutsche Alpenstr.
Bregenz
Pfänder
Sulzberg
Rorschach
Altenrhein
Hard
Stift
Langen bei Bregenz
Rheineck
Fußach
Kennelbach
Naturpark Nagelfluhkette
Thal
Gaißau
Riefensberg
Buch
Doren
Hochgrat
Oberstdorf
Rheineck
Lauterach
Krumbach
Lauterach/Wolfurt
Balderschwang
St.Margrethen
Höchst
Wolfurt
Hittisau
Wolfurt/Lauterach
Lingenau
Heiden
Berneck
Au
Dornb. N.
Dornb. S.
Schwarzach
Alberschwende
Obermaiselstein
Lustenau
Egg
Sibratsgfäll
Balgach
Rebstein
Widnau
Schwarzenberg
Amagmach
Diepoldsau
Rheintal M. (in Bau)
Dornbirn
Andelsbuch
Altstätten
Bezau
Kriessern
Hohenems
Schönenbach-vorsäß
Götzis
Mäder
Hohenems
Reuthe
Bizau
Bregenzerwald Straße
Koblach
Altach
Ebnit
Mellau
Schnepfau
Hoher Ifen
Riezlern
Oberriet
Götzis
Kanisfluh
Au
Klaus-Koblach
Rüthi
Klaus
Hoher Freschen
Schoppernau
Bregenzerwald
Kleinwalsertal
Bodensee

TOP-TOUREN

Untersee bei Kattenhorn
Ständiger Landschaftswechsel am fjordartigen Südwestausläufer des Bodensees mit seinem besonderen Flair *(Tour 5, 2.10 Std.)*.

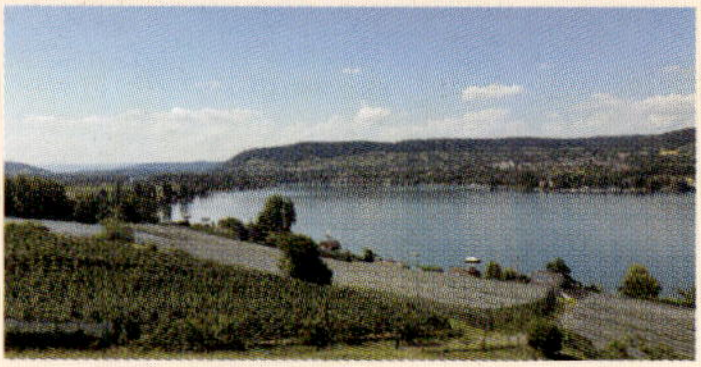

Insel Reichenau
Traumbuchten-Bummelei um die westliche Inselhälfte des klimabegünstigten »Gemüsegartens« zwischen Gnadensee und Untersee *(Tour 9, 2.20 Std.)*.

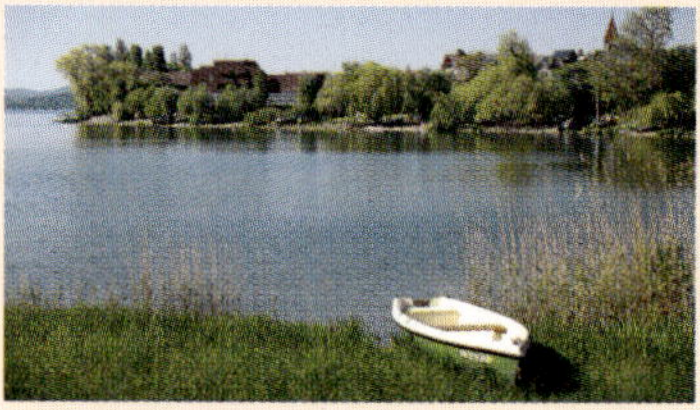

Ludwigshafener Langstreckenpfad
Wunderbare Waldwanderroute über der von der Weißen Flotte angesteuerten Nordwestbucht des Überlinger Sees auf einem der längsten Bodenseepfade *(Tour 14, 3.30 Std.)*.

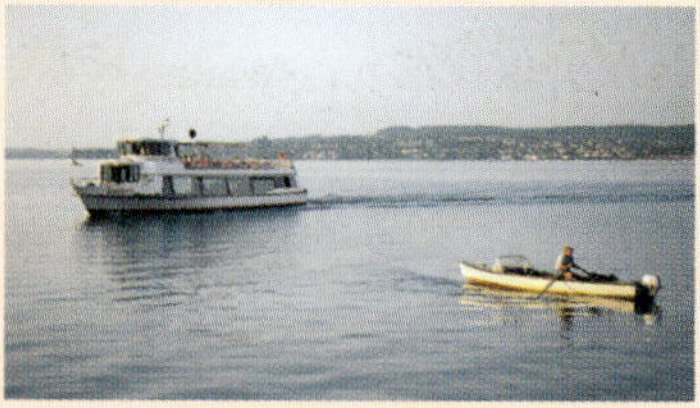

Gletschermühle
In einer südländisch anmutenden Welt der lotrechten Dimensionen lockt nahe der beliebten Sipplinger Seepromenade ein sehenswertes Relikt aus der Eiszeit *(Tour 15, 2.50 Std.)*.

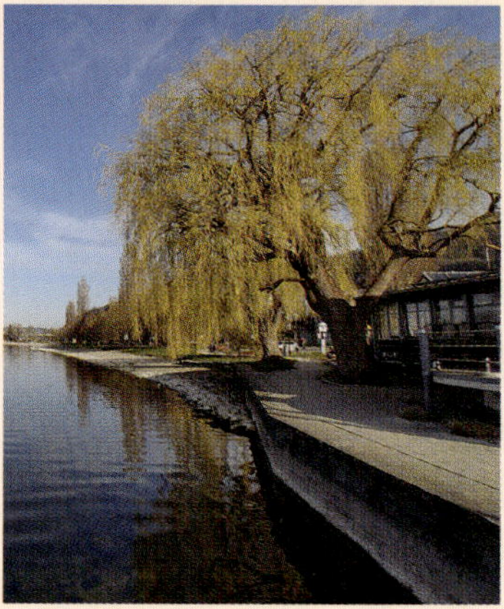

Hagnauer Uferromantik
Paradiesische Ruheplätzchen direkt am windgekräuselten Wasser auf dem Bodenseerundweg von Kippenhorn nach Hagnau *(Tour 20, 3.40 Std.)*.

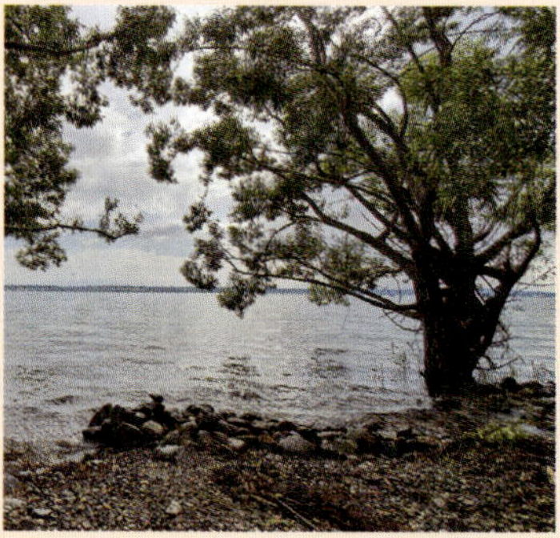

Eriskircher Ried
Beim Niedermoor-Delta der Schussenmündung, in der Nähe des herrlichen Langenargener Sandstrandes, blühen im viel besuchten Naturschutzgebiet Eriskircher Ried gegen Juni Abertausende Iris *(Tour 24, 3.15 Std.).*

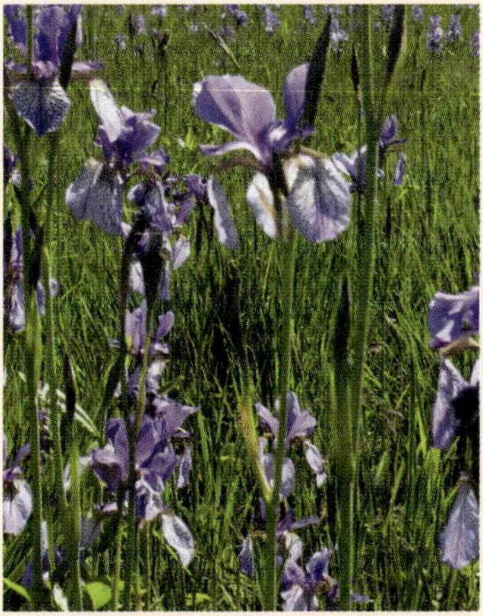

Lindauer Badestrände
Ein Landschaftsgemälde aus Wasser und Bergen auf naturnaher Erholungswanderung von der Inselstadt in das vorarlbergische Bodenseedorf Lochau *(Tour 27, 3.50 Std.).*

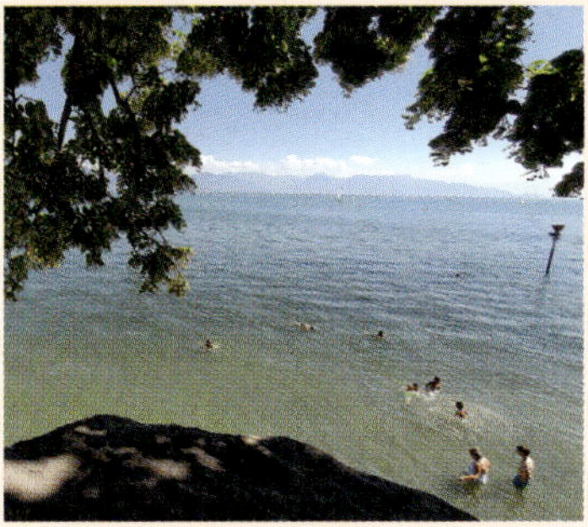

Pfänder
Vergnügliches Talwandern ab der »Bodensee-Aussichtswarte Nummer eins« mit dem Vierländerblick über die Bregenzer Bucht *(Tour 28, 3.00 Std.).*

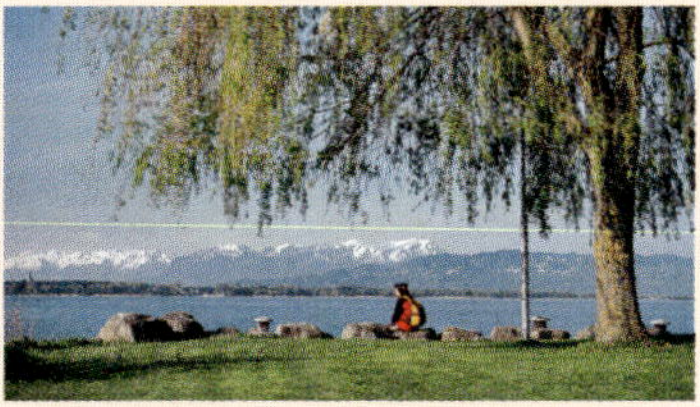

Harttobel
Weltferne Tobelschlünde nach befreiendem Ausschreiten über lichtreiche Höhenlagen der Linzgau-Gemeinde Deggenhausertal *(Tour 35, 4.00 Std.).*

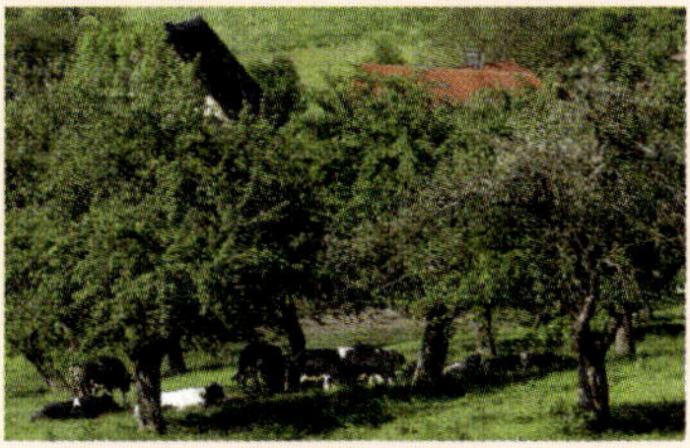

Langensee
Das in anmutige Moränenhügel gebettete Naturschutzgebiet Langensee sowie die schluchtartig eingezwängte, aus dem Allgäu kommende Argen zeigen ein wirklich glanzvolles Stück Oberschwaben *(Tour 40, 4.15 Std.).*

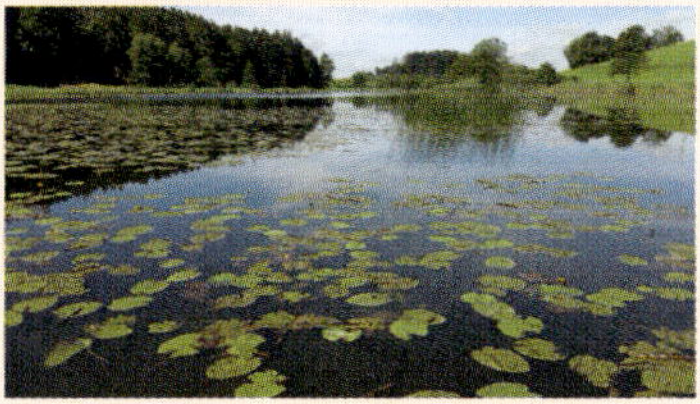

WICHTIGE HINWEISE FÜR UNTERWEGS

Anforderungen

Unter diesem Schlagwort finden Sie bei jeder Tour detaillierte Angaben. Bei der Auswahl wurde großer Wert darauf gelegt, den Ansprüchen eines breiten Publikums Rechnung zu tragen. Damit die Anforderungen auf einen Blick leichter einzuschätzen sind, haben die Tourenvorschläge verschiedene Farbmarkierungen. Diese müssen aber nichts über die Länge einer Unternehmung aussagen. Unsere Schwierigkeitsangaben beziehen sich auf trockene Wege in unbeschädigtem Zustand. Je nach Witterungseinflüssen (beispielsweise nach Starkregen oder bei unerwartetem Wintereinbruch) können die Anforderungen erheblich steigen.

SCHWIERIGKEITSKATEGORIEN

■ = Leicht

Die Wirtschafts- und Forstwege sowie einfachen Pfade und Steige sind in der Regel gut bezeichnet (meist lückenlos markiert und genügend beschildert). Maximal mittlere Steigungen, eventuell mit steilen Aufschwüngen. Keine ausgesetzten Passagen. Selbst bei zweifelhaftem Wetter relativ gefahrlos. Auch für Senioren geeignet. Für Kinder nur empfehlenswert, wenn die für kurze Beine ermüdenden breiten Wege oder Sträßchen nicht zu lang sind.

■ = Mittel

Touren für geübte Wanderer, die mitunter Trittsicherheit erfordern. Längere mittelsteile oder steile Steige und manchmal sehr steile Aufschwünge setzen gelegentlich Ausdauer und eine den Verhältnissen angepasste Ausrüstung voraus. Kurze unmarkierte und Orientierungssinn erfordernde Unterbrechungen sowie ausgesetzte, zum Teil gesicherte Stellen (ohne Kletterpassagen) können vorkommen. Bei einer Wetterverschlechterung ist eventuell alpine Erfahrung unerlässlich. Abgesehen von ausgedehnten Touren sind mittelschwere Vorschläge bei entsprechender Vorsicht auch für Kinder geeignet.

■ = Schwierig

Diese anspruchsvollen Unternehmungen richten sich an erfahrene, trittsichere und schwindelfreie Bergwanderer. Längere steile oder sehr steile Steige in manchmal nur spärlich markiertem oder unmarkiertem Felsgelände mit ausgesetzten Abschnitten setzen Kondition und Bergausrüstung sowie guten Orientierungssinn voraus. Auf leichten Kletterpassagen, die einen gelegentlichen Kraftaufwand erfordern, wird die Zuhilfenahme der Hände nötig. Aufgrund der alpinen Höhenlage ist stabiles Wetter unbedingte Voraussetzung.

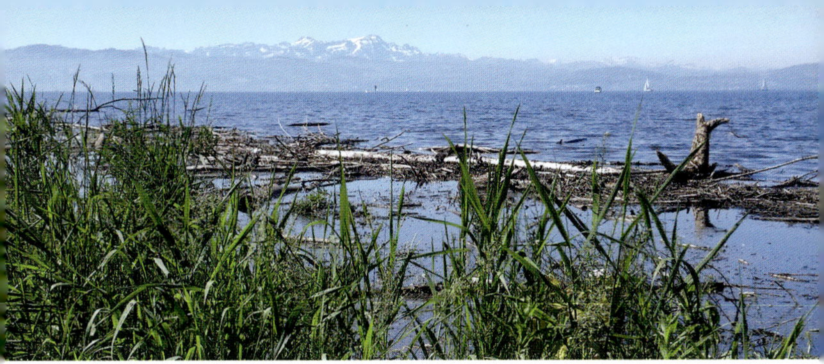

Aussicht von den Langenargener Seewiesen über den Obersee (Tour 24).

Das System der Schwierigkeitskategorien (blau, rot, schwarz) darf nicht mit der Einteilung in dem für Vorarlberg geltenden Wanderwegekonzept verwechselt werden: gelb-weiß = leicht, weiß-rot-weiß = mittelschwer, weiß-blau-weiß = schwer.

Gefahren

Gefährliche Situationen entstehen beim Wandern meist durch das Zusammentreffen von subjektiven und objektiven Gefahren. Subjektive Risikofaktoren wie Unwissenheit, Leichtsinn (mangelnde Ausrüstung) oder fehlendes Training (Erschöpfung) führen rasch zu Fehlverhalten, vor allem in objektiv bedrohlichen Situationen. Man sollte sie mit entsprechendem Verhalten, insbesondere durch die Fähigkeit der Selbstkritik, auf ein Minimum reduzieren. Objektive Gefahren sind Nebel (Orientierung!), Temperaturstürze und Gewitter sowie Steinschlag, Vermurungen und Lawinen. Sie lassen sich selbst mit bester Ausrüstung, einer guten Beobachtungsgabe und jahrzehntelanger Erfahrung nur auf ein gewisses Maß beschränken.
Bei Regen, Nebel oder Schneegestöber können sich grasige oder felsdurchsetzte Steige in heimtückische Rutschbahnen verwandeln. Bei Gewittern gilt: Gipfel, Grate, Felsvorsprünge und Hochflächen sofort verlassen, weg von Drahtseilen oder Eisengeländern, keine einzeln stehenden Bäume aufsuchen! Besonders hart gefrorene Altschneereste oder von Bächen unterspülte Schneebrücken bergen oft unterschätzte Gefahren.

Ausrüstung

Selbst auf kleineren Wanderungen sind Trekkingschuhe vorteilhaft. Regen- und Kälteschutz, Reservewäsche, Tourenproviant (Trinkflasche!), Stirnlampe und Verbandszeug werden empfohlen. Teleskop-Wanderstöcke sind besonders im Abstieg zur Gelenkentlastung sehr nützlich. Bei Nässe sowie Querungen von Bächen und Schneefeldern bieten sie eine zusätzliche Sicherheit, weil sie die Balance erhöhen.

Mit einem Handy kann im Notfall rasch Hilfe herbeigerufen werden (Europäische Notrufnummer 112), wobei die Netzabdeckung im Gebirge nicht überall gegeben ist.

Gehzeiten

Die in den Höhenprofilen angegebenen reinen Gehzeiten können nur als grobe Richtwerte für durchschnittlich trainierte Wanderer gelten (etwa vier Kilometer in der Stunde auf leichten Talwegen, 350 Höhenmeter in der Stunde im Aufstieg, 500 Höhenmeter im Abstieg). Jahreszeit, Wetter, Verfassung, Pausen und andere Faktoren bestimmen die benötigte Zeit.

Anfahrt

- **Bahn:** Internationale Zugverbindungen gibt es jeweils von Stuttgart und München nach Singen, Friedrichshafen und Lindau.
- **Bus:** Sämtliche Städte und Dörfer rund um den Bodensee sind mit Regionalbussen erreichbar.
- **Auto:** Die Anfahrt in die Bodenseeregion erfolgt von Stuttgart über die A 81, von Ulm über die A 7 und A 96 und von München ebenfalls über die A 96.

Beste Wanderzeit

Die meisten Bodenseewanderungen lassen sich oft auch im Winter ohne große Probleme durchführen (auf feuchten Passagen Vorsicht wegen Rutschgefahr). Die vorgestellten Bergtouren empfehlen sich etwa von Mitte Mai bis Anfang November. Ab Mitte Oktober ist besonders schattseitig mit vereisten Passagen zu rechnen.

GPS-TRACKS UND KOORDINATEN DER AUSGANGSPUNKTE

Zu diesem Wanderführer stehen auf www.rother.de GPS-Tracks und Koordinaten der Ausgangspunkte zum kostenlosen Download bereit.
5. Auflage, Passwort: **434705amu**
Sämtliche GPS-Daten wurden auf Basis digitaler Karten am Computer erfasst. Verlag und Autor haben die Tracks und Wegpunkte nach bestem Wissen und Gewissen überprüft. Dennoch können wir Fehler oder Abweichungen nicht ausschließen, außerdem können sich die Gegebenheiten vor Ort zwischenzeitlich verändert haben. GPS-Daten sind zwar eine hervorragende Planungs- und Navigationshilfe, erfordern aber nach wie vor sorgfältige Vorbereitung, eigene Orientierungsfähigkeit sowie Sachverstand in der Beurteilung der jeweiligen (Gelände-)Situation. Man sollte sich für die Orientierung auch niemals ausschließlich auf GPS-Gerät und -Daten verlassen.

Verborgene Sandbucht auf der Halbinsel Höri (Tour 7).

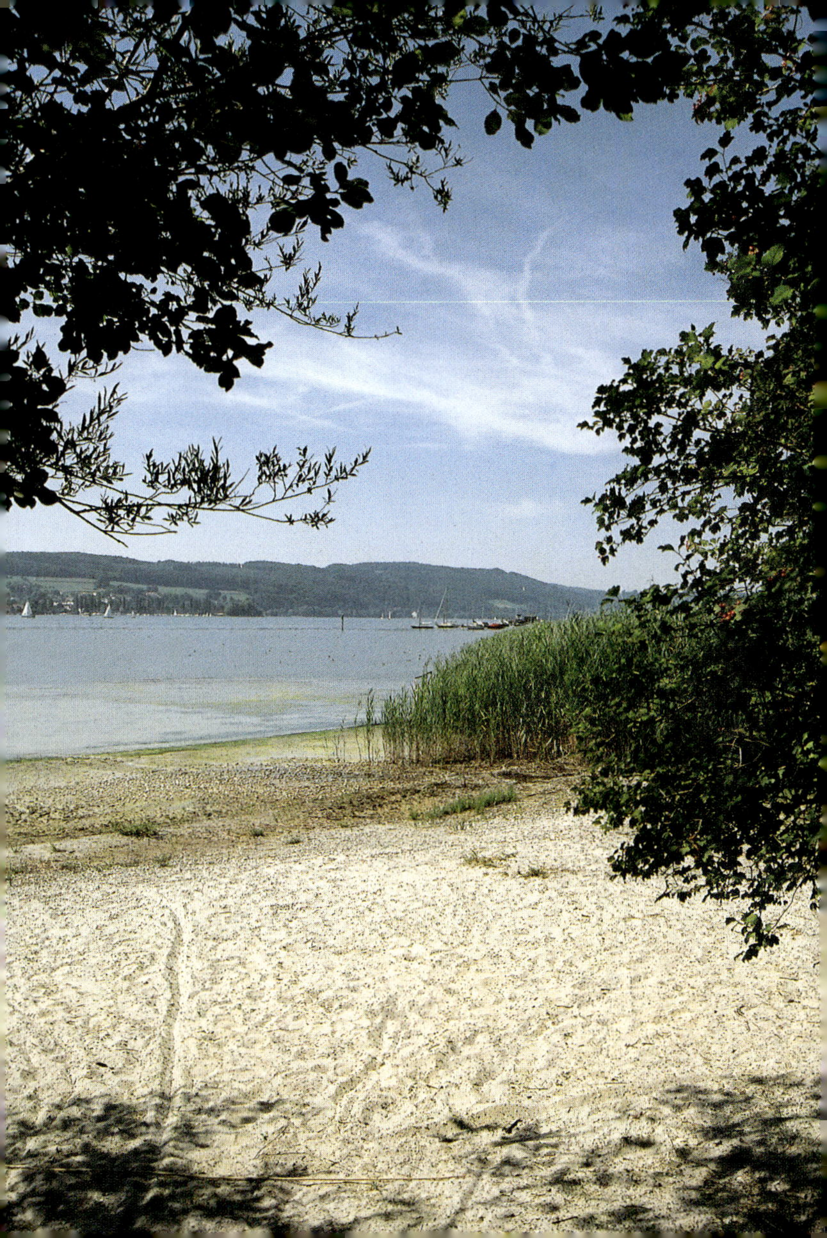

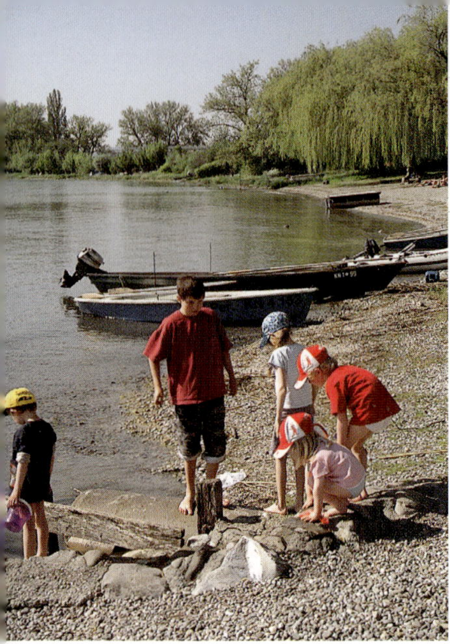

Das Schwäbische Meer: ein wahres Paradies für Kinder.

Kinder

Ob sich Touren für Kinder eignen, hängt nicht nur von der Länge der Anstiege oder der Ausgesetztheit der Wege ab, sondern vielmehr vom Abwechslungsreichtum einer Wanderung. Routen auf abenteuerlichen Waldpfaden zu Badebuchten und Wildbächen, Weihern und Ruinen finden immer große Akzeptanz.

Karten

Die meisten Kartenausschnitte wurden den Freytag&Berndt-Wanderkarten WKD 10 »Bodensee« und WK 364 »Bregenzerwald« im Maßstab 1:50.000 entnommen. Sie sind für den Wanderer ein zuverlässiges Hilfsmittel.
Für das Westallgäu kann das Blatt UK 50-45 »Lindau – Naturpark Nagelfluhkette« der Umgebungskarten des Landesamtes für Digitalisierung, Breitband und Vermessung Bayern im Maßstab 1:50.000 empfohlen werden. Sehr gute Dienste leisten auch die Blätter 511 »Westlicher Bodensee« und 529 »Östlicher Bodensee« der Freizeitkarte des Landesamts für Geoinformation und Landentwicklung, ebenfalls im Maßstab 1:50.000.

Markierungen

Bitte beachten Sie, dass die der Realität entsprechende, wegweisende Routenmarkierung der Tourenbeschreibungen (kursiv) nicht immer mit den Symbolen in den jeweiligen Kartenausschnitten übereinstimmt.

Information

- Internationale Bodensee Tourismus GmbH, D-78462 Konstanz, Tel. + 49 7531 909430, www.bodensee.eu
- Bodensee-Vorarlberg Tourismus, A-6901 Bregenz, Tel. +43 5574 43443-0, www.bodensee-vorarlberg.com
- Bodensee-Schiffsbetriebe GmbH, 78462 Konstanz, Tel. +49 7531 3640-0, www.bsb.de
- Deutscher Wetterdienst, www.dwd.de

Der Umwelt zuliebe ...

Auch beim Wandern hinterlassen wir einen ökologischen Fußabdruck, aber im Einklang mit der Natur unterwegs zu sein, ist gar nicht so schwer!

VORBEREITUNG UND ANFAHRT

- Sich vorab informieren, worauf in Bezug auf Natur und Umwelt in der jeweiligen Wanderregion besonders zu achten ist.
- Soweit möglich mit Bahn und Bus anreisen, Wander- und Rufbusse nutzen.
- Ist eine Anfahrt mit dem Auto nötig, Fahrgemeinschaften bilden.
- Bei weiten Anfahrten Mehrtagestouren planen oder von einem Quartier vor Ort aus mehrere Touren absolvieren.
- Flugreisen möglichst reduzieren und durch Beiträge zu Klimaschutzprojekten kompensieren.

KLEIDUNG UND AUSRÜSTUNG

- Beim Kauf von Outdoor-Kleidung auf umweltfreundliche und faire Herstellung achten und Kleidungsstücke möglichst viele Jahre nutzen.
- Ausrüstung kann man eventuell auch gebraucht kaufen oder ausleihen.
- Reparieren statt neu kaufen.

VERPFLEGUNG

- Beim Einkauf Bio-Ware, regionale und saisonale Erzeugnisse bevorzugen.
- Hütten und Gasthäuser auswählen, die regionale Produkte verwenden.
- Auf Einwegflaschen und Plastikverpackungen verzichten, stattdessen wiederverwendbare Trinkflaschen und Brotzeitboxen benutzen.

ÜBERNACHTUNG

- Bei lokalen Anbietern buchen, damit Menschen vor Ort profitieren.
- Auf Hütten und in anderen Unterkünften Strom und Wasser sparen.

UNTERWEGS

- Wege benutzen und Abkürzer vermeiden.
- Sperrungen von Wegen und Schutzgebieten respektieren.
- Keine Blumen pflücken und keine Pflanzen entnehmen.
- Waldbrandgefahr beachten.
- Müll wieder mit nach Hause nehmen und dort entsorgen.
- Toilettengänge in freier Natur möglichst vermeiden.
- Lärm vermeiden.
- Hunde an die Leine nehmen.

ROTHER
BERGVERLAG

WANDERN AM NÖRDLICHEN BODENSEE

Untersee und Zeller See, Gnadensee und Überlinger See

In der eigenwillig gestalteten Gegend des Hegaus mit den ruinenartig erhaltenen früheren Vulkanbergen, deren berühmtester der Hohentwiel ist, berühren sich die beiden Wandergebiete des Bodensees und der Schwäbischen Alb. Südlich der Stadt Singen überschreiten wir im Geiste den Schiener Berg. Ausflüge in diesem Hochland versprechen ein Traumpanorama. So gelangen wir an den Finger des Untersees, wo sich ein paar zauberhafte Winkel verbergen. Ganz im Westen, bei der pittoresken Schweizer Kleinstadt Stein, verlässt der Hochrhein als einziger Abfluss das Schwäbische Meer. Einen Bogen um die Künstler-Halbinsel Höri schlagend, schließt sich der seichte Saum des Zeller Sees an. Ruhe und Erholung werden hier großgeschrieben. Das Mündungsgebiet der Radolfzeller Aach und die Halbinsel Mettnau mit dem bekannten Vogelschutzgebiet kennzeichnen die beiden Buchten der Stadt Radolfzell. Ganz in der Nähe lädt beim Allensbacher Wild- und Freizeitpark der Mindelsee, ein früheres Gletscherzungenbecken füllend, zum Spaziergang. Während das flach auslaufende Ufer des Gnadensees überwiegend von Bahn und Straße sowie den gefiederten Bewohnern des Wollmatinger Riedes in Anspruch genommen wird, ist jenes der westlichen Reichenauer Inselhälfte weitgehend frei zugänglich.

Rebhang auf der Insel Reichenau.

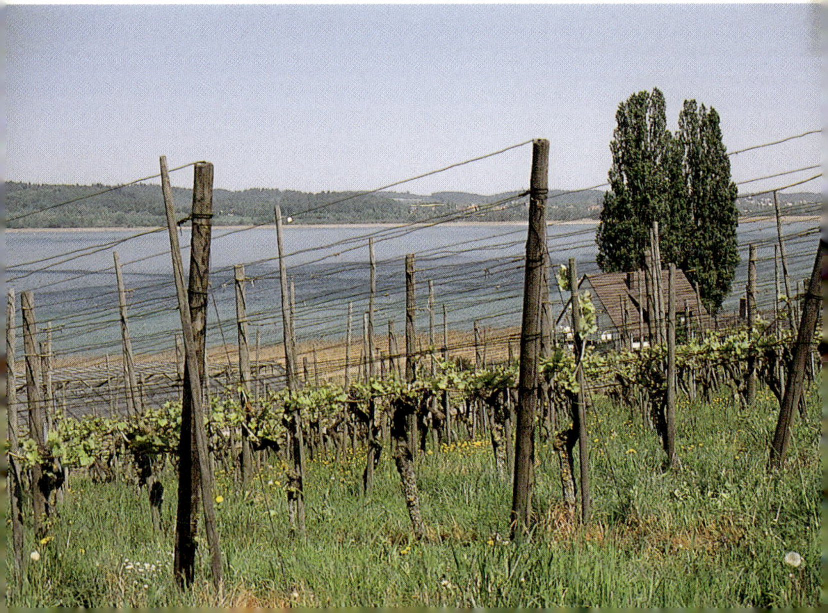

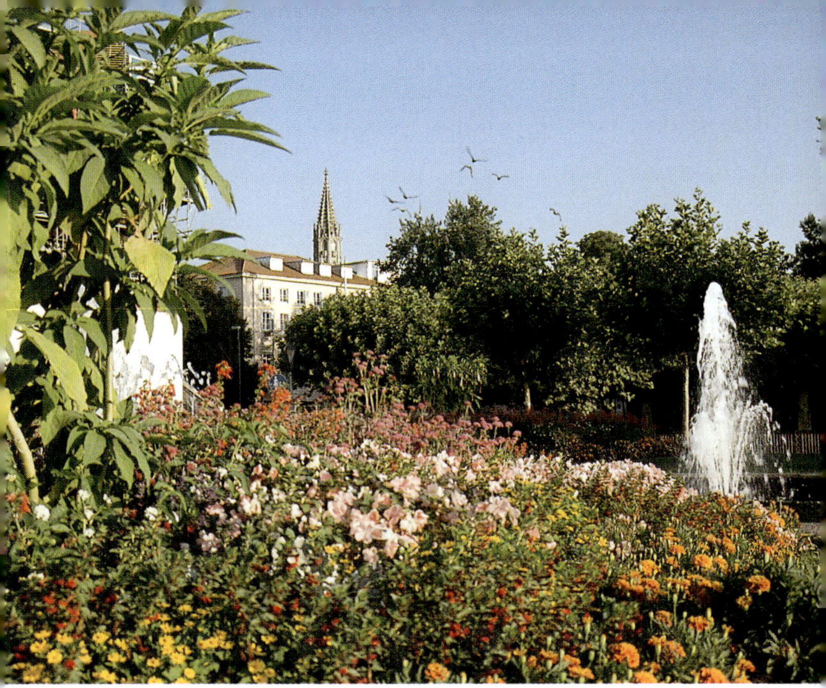

Universitätsstadt Konstanz.

In dieser Hinsicht verwöhnt das Nordufer der großflächigen Halbinsel Bodanrück sowie deren Spitze bei der Blumeninsel Mainau und der Universitätsstadt Konstanz die Wanderer in einzigartiger Weise. Nirgends sonst gibt es an naturnahen Abschnitten des Bodensees solche langen Wege. In zerfurchten Waldflanken stürzt die Landzunge zum schlanken Überlinger See hin ab.

Die Sonnenseite des Überlinger Sees präsentiert sich ebenso als verwegenes Steilufer von der Ludwigshafener Bucht, wo sich die Stockacher Aach ergießt, über Sipplingen bis nach Überlingen mit seiner historischen Altstadt. Aber auch verspielt wirkende Kleinlandschaften findet man dort, bereichert durch geologische Besonderheiten: Sandsteinklippen, einen Gletschertopf, die skurrilen Erosionsgebilde der Churfirsten und manche der wildesten Tobel am Bodensee mit spezifischer Flora. Der badische Anteil des Dreiländergewässers setzt sich fort über die Mündung der Seefelder Aach in Uhldingen, bekannt durch das Pfahlbau-Freilichtmuseum, zur köstlich verwinkelten Kleinstadt Meersburg. Dort weitet sich der Überlinger See zum Obersee.

Obersee

Die sonnenverwöhnten Meersburger Weinberge hin zum benachbarten Winzer- und Fischerdorf Hagnau markieren den östlichsten badischen Seeanteil. Endlich gibt es wieder unmittelbar am und über dem Obersee abseits des Verkehrs verlaufende Wanderwege zum Schwärmen. Die württembergische Seite verflacht sich ab Immenstaad deutlich, wenn auch nicht vollständig. Ein paar der prägnanten Drumlingruppen bringen durchaus noch Leben ins Hinterland. Diese vom letzten Eiszeitgletscher, der wiederholt das Seebecken ausgeschürft hat, elliptisch »zugehobelten« Hügel verleihen der Gegend einen ganz besonderen Reiz.

Zum anderen nimmt nun die Siedlungsdichte deutlich zu, Industrie macht sich breit. Doch überraschenderweise erfreut gerade das wirtschaftliche Zentrum am Bodensee, die Messe- und Zeppelinstadt Friedrichshafen, mit behaglichen, zum Teil sogar ziemlich grünen Strandpromenaden. Hier, wo die Autofähre von Romanshorn anläuft, verzeichnet der 46 Kilometer lange und bis zu 252 Meter tiefe Obersee etwa seine halbe Länge und mit 14 Kilometern seine größte Breite.

Beim Schussendelta schafft das Eriskircher Ried, vielen ein Begriff wegen seiner im Frühsommer verschwenderischen Irisblüte, einen Höhepunkt. Landeinwärts dehnen sich flache Wälder aus. Um Langenargen laden wieder ein paar ausnehmend schöne Uferstreifen zum Bummeln und Verweilen ein. Dies gilt insbesondere für den Mündungsbereich der aus dem Allgäu kraftvoll herbeiströmenden Argen.

Deltalandschaft an der unteren Schussen, nicht weit vom Eriskircher Ried (Tour 24).

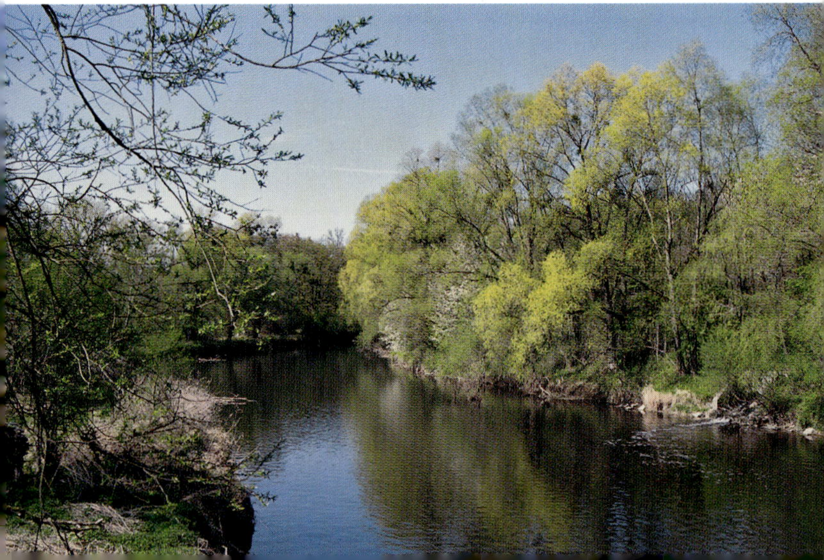

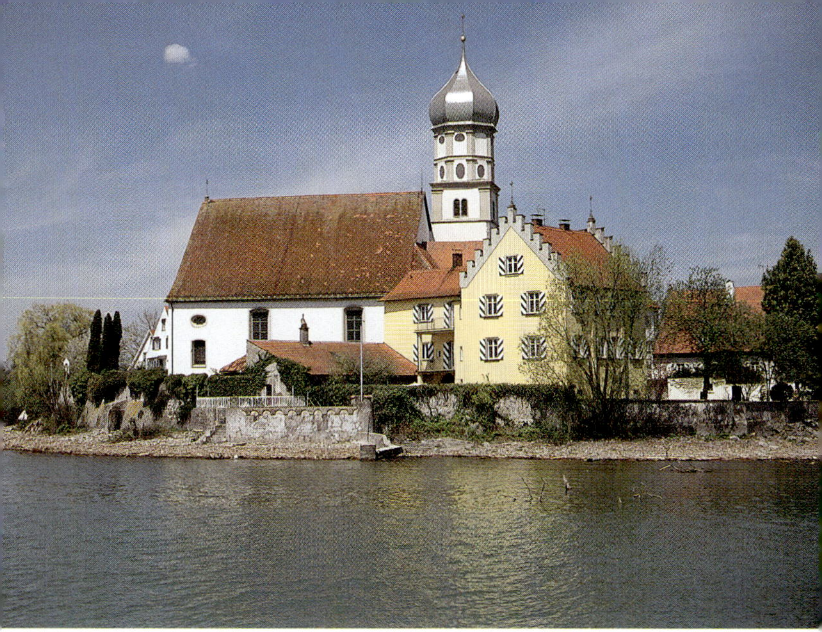

Wasserburg, die »Visitenkarte« des Bodensees.

Ab Kressbronn setzt über Nonnenhorn das relativ bescheidene Ausmaß des fast zusammenhängend bewohnten bayerischen Seeanteils an. Bewegtes Gelände schiebt sich wieder nah ans Schwäbische Meer heran. Erst die »Visitenkarte des Bodensees«, Wasserburg, hat nennenswerte Uferwanderwege zu bieten. Den krönenden Abschluss am Obersee bildet die anhaltende Genießeretappe von der Inselstadt Lindau vorbei am Einfluss der Leiblach in die vom Pfänder überragte Bregenzer Bucht. Firngeschmückte Felsgestalten über silbrig blendendem Wellenspiel.

Oberschwaben mit Linzgau und Westallgäu

Was wäre die nördliche Region des Bodensees ohne sein harmonisches oberschwäbisches Hinterland, ohne das angrenzende Allgäu? Ganz im Westen erwartet uns im dünn besiedelten, verträumt hügeligen Linzgau zwischen Stockach und dem Gehrenberg beim Städtchen Markdorf, einem der wirksamsten Bodenseeberge, ein vielfältiges Tourenangebot. So kann man um Herdwangen-Schönach und Heiligenberg kleine schummerige Schluchten, in manchen Ecken ein ganzes System davon, und unerwartete Sandsteinabbrüche aufspüren. Sonnige Hochflächen begeistern mit weitreichenden Ausblicken auf das Sehnsucht weckende Dreiländergewässer.

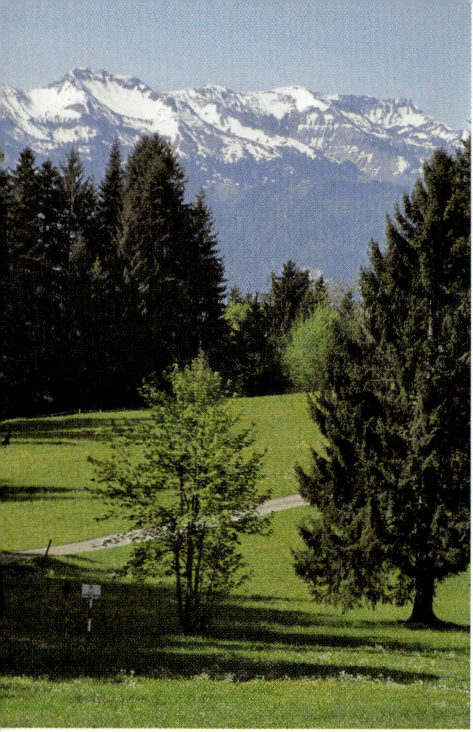

Blick vom Oberreutener Hochsträß zum Dornbirner First (Tour 49).

In der Salemer Umgebung finden sich anmutige Wiesenauen, verborgene Weiher und der beliebte Berg der Berberaffen. Auch die Gemeinde Deggenhausertal, wo die höchste Erhebung Oberschwabens lockt, der treffend benannte Höchsten, überzeugt wechselweise mit bequemen Talausflügen sowie sportlichen Waldaufstiegen und ausgedehnteren Runden.

Südlich der Oberschwaben-Metropole Ravensburg durchströmt die Schussen vorbei an Meckenbeuren eine ansehnliche Talweitung. Über den Unterlauf der Argen hinweg breitet sich dann mit dem Tettnanger Hopfenland und den besonders ertragreichen Obstplantagen um Oberreitnau, Weißensberg und Sigmarszell die liebenswerte Moränenlandschaft des südöstlichen Oberschwabens aus. Diese wird auch gekennzeichnet durch die unzähligen verstreuten Weiler und Einöden, blitzenden Seen und geheimnisvollen Moore: eine der prächtigsten Wandergegenden Süddeutschlands.

Nach einem nördlich anschließenden Streifen des württembergischen Allgäus, von Achberg hinauf zum mittelalterlich geprägten Städtchen Wangen, beginnt um die hoch gelegene Kleinstadt Lindenberg sowie um die Gemeinden Scheidegg und Weiler-Simmerberg das bayerische Westallgäu. Allmählich steigen die wiesenreichen Vorhöhen zu den felsigen Nagelfluhbergen an, von denen sich der Bodensee besonders schön zeigt. Bei klarem Wetter sehen wir bis hin zu den Hegaubergen, wo wir die Reise mit unserem geistigen Auge begonnen haben.

Oberschwäbisches Biotop bei Oberteuringen nahe Markdorf (Tour 36).
Doppelseite 22/23: Auf der Höhenwanderung von Sipplingen zum Gletschertopf besticht der fjordartige Überlinger See (Tour 15).

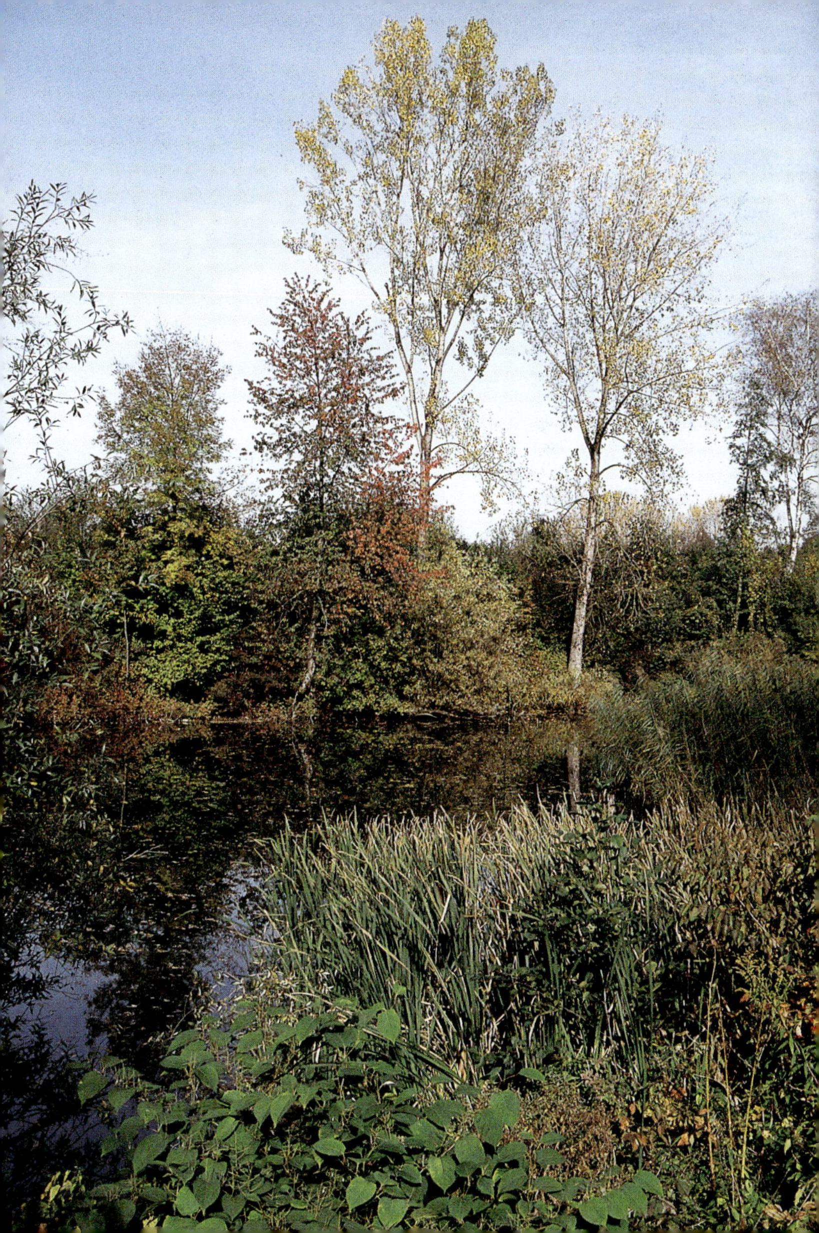

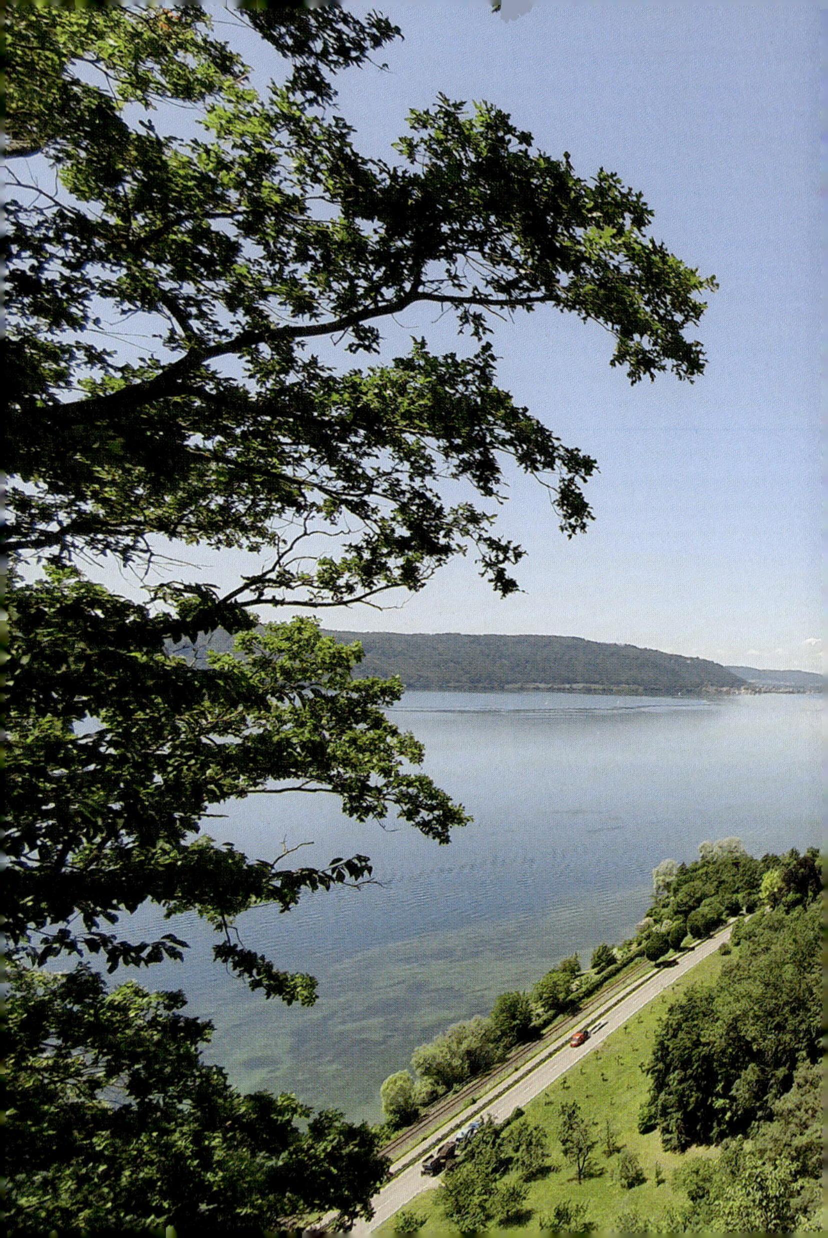

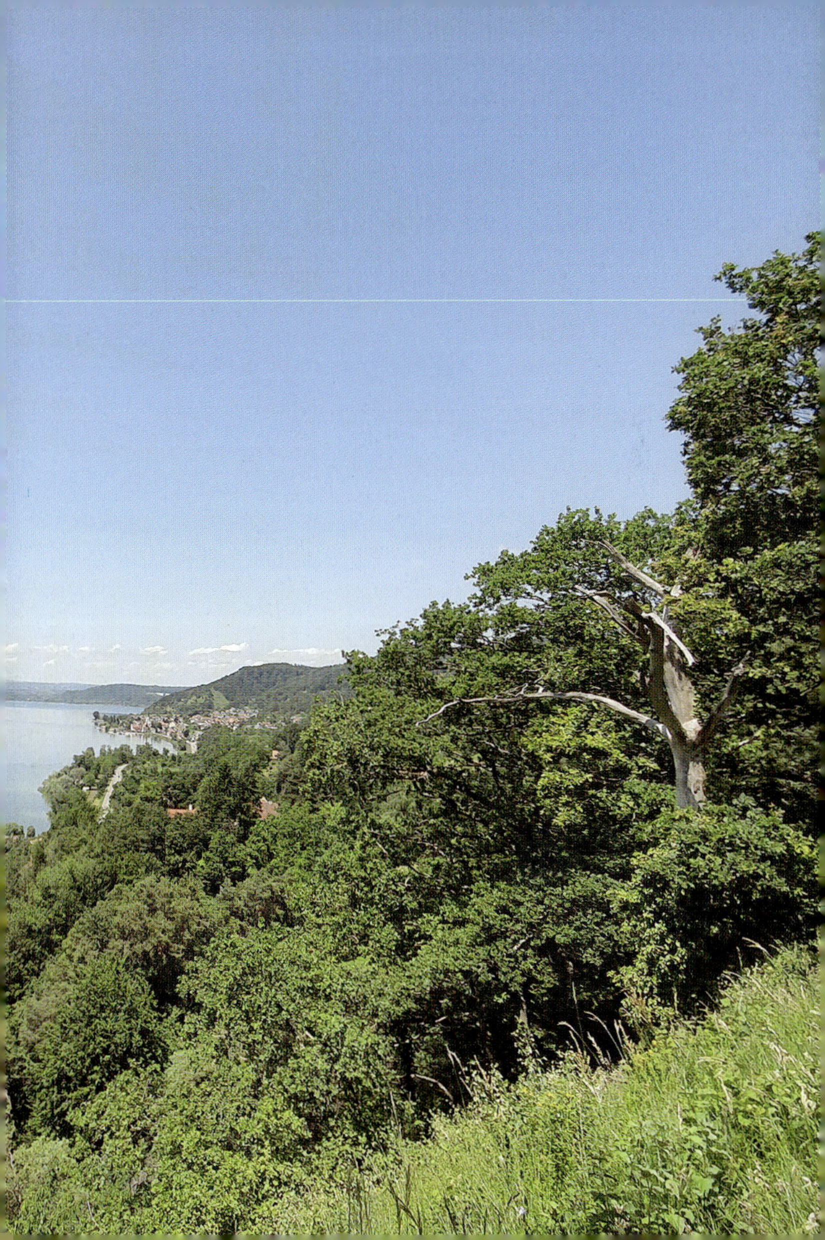

↗ 290 m | ↘ 290 m | 9.9 km

1 Singen – Hohentwiel, 686 m

3.00 h

Im Land der Vulkanruinen

Aus der Niederung der Radolfzeller Ach entragt am Stadtrand von Singen, westlich des Bodensees, die Landmarke Hohentwiel. Diese durch ihre mächtige Festungsanlage bestechende Hegau-Vulkanruine beherbergt einen Reichtum an seltener Flora und Fauna.

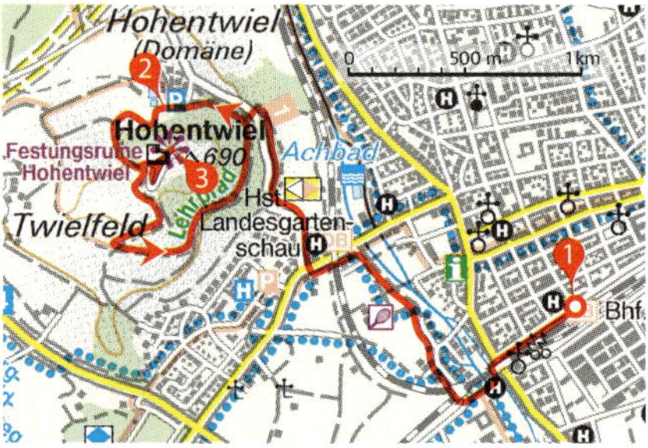

Ausgangspunkt: Bahnhof in Singen (Hegau), 423 m; Parkhäuser in der Nähe des Bahnhofs. Zugverbindung von und nach Tuttlingen.
Anforderungen: Auf der gesamten Wanderung bestens beschilderte und markierte Fußgänger- und Wirtschaftswege, Pfade und Anliegersträßchen. Mäßig steiler Aufstieg.
Einkehrmöglichkeit: Domäne Hohentwiel.

Der Hohentwiel, vom Stadtpark Singen betrachtet.

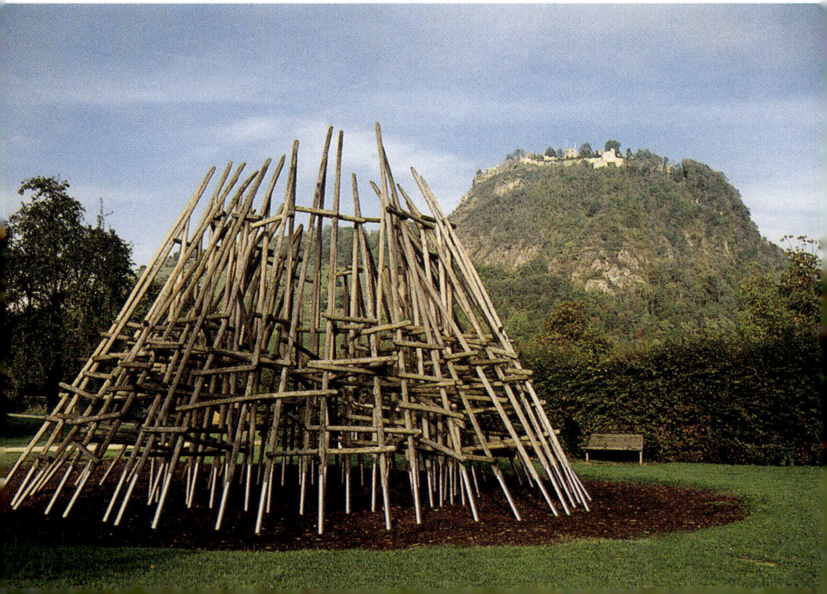

Fußgängerwege leiten am Bahnhof in **Singen** ❶ durch die Unterführung und über die von den Flussarmen der Radolfzeller Aach gebildete Insel Wehrd. Durch eine Siedlung hält man sich Richtung Hohentwiel an die *grüne Raute* des Schwarzwald-Jura-Bodensee-Wegs. Im Stadtgarten haben wir auf Spazierwegen am Fluss entlang bereits das Bergziel vor Augen. Nach einem weiteren Ortsteil spazieren wir durch Wald bergan, eine Straße querend, zur **Domäne Hohentwiel** ❷, 532 m. Im Info-Zentrum zeigt eine Dauerausstellung zur Geschichte des Hohentwiel unter anderem ein großes Rekonstruktionsmodell der Festungsanlage, für die hier eine Eintrittskarte erhältlich ist.

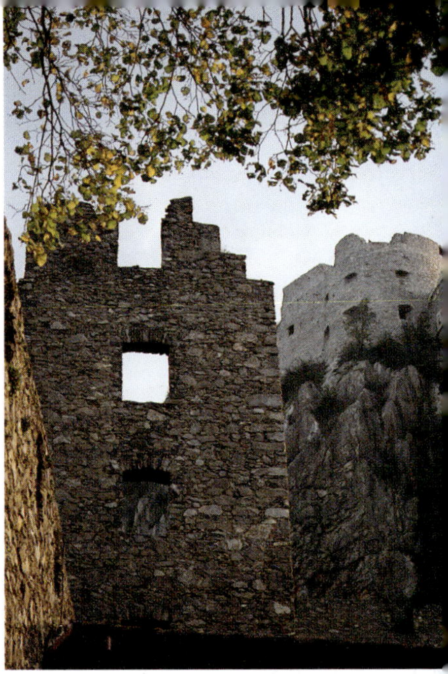

Die stolze Burgruine auf dem Hohentwiel.

Ein Anliegersträßchen windet sich jetzt durch einen Bannwald (NSG). Nach den beiden Tunneln des Alexandertors betreten wir die Vorterrasse der eigentlichen Festungsruine mit weitem Rundblick. Glanzvoll setzt sich über dem Schwäbischen Meer insbesondere das Zackenband der Schweizer Berge in Szene. Durch die gewaltige Oberburg gelangen wir schließlich zum Aussichtsturm auf dem höchsten Punkt des **Hohentwiel** ❸.

Zurück an der Schranke folgen wir dem flachen Vulkanpfad am Waldrand. Im Norden beeindruckt der Hohenkrähen, im Nordwesten der Hohenstoffeln, beide ehemalige Vulkane. Nach sanftem Anstieg über zeitweise von Schafen beweidete Trockenrasen weist die Markierung talwärts. In Gebüschflächen brütet der Neuntöter, und im Tuffgestein leben bemerkenswerte Heuschreckenarten. Am Ende zahlreicher Holzstufen bummeln wir oberhalb der Rebhänge des Elisabethenbergs auf einem Wirtschaftsweg zum sogenannten Tönenden Fels. Dort stoßen wir auf die Schlotfüllung des ehemaligen Vulkans. Hier kommt noch die Schlingnatter vor. Unter Felsabstürzen geht es durch Naturwald leicht bergab zum bekannten Weg nach **Singen** ❶.

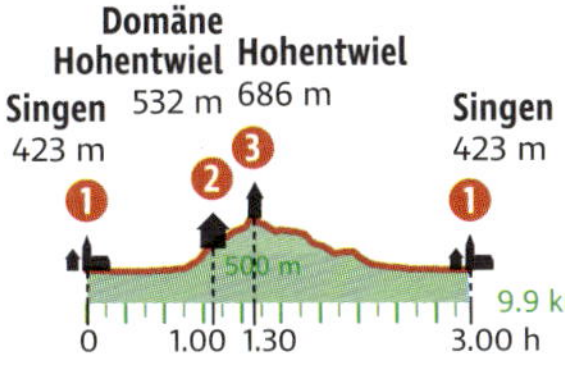

↗ 190 m | ↘ 190 m | 11.1 km

2 Steißlingen – Friedinger Schlössle – Friedingen

3.00 h

Wald- und Wiesenwanderung durch den östlichen Hegau

Von der ehemaligen Burg Hohenfriedingen wurde nach mehrmaliger Zerstörung 1651 ein Teil wieder aufgebaut, in dessen romantischer Anlage sich heute die Einkehr Friedinger Schlössle befindet. Ein weiterer Höhepunkt dieser beschwingten Hegau-Wanderung ist auf der letzten Etappe das Badegewässer Steißlinger See.

Ausgangspunkt: Bushaltestelle am Gasthof Ochsen in Steißlingen, 465 m; Parkplatz an der Volksbank. Bus von Singen.
Anforderungen: Meist ausreichend bezeichnete Forst- und Feldwege, Wanderwege und Pfade. Leichte Steigungen, kurzer Steilabstieg bei Nässe unangenehm.
Einkehrmöglichkeit: Restaurant Friedinger Schlössle.

Wir halten uns beim Gasthof Ochsen im Ortskern von **Steißlingen** ❶ mit seinen alten Fachwerkhäusern kurz Richtung Singen. Der mit *rot-weißer Raute* bezeichnete, anfangs steigende Querweg Freiburg – Bodensee Richtung Friedinger Schlössle verflacht sich ein Stück hinter dem Dorf. Ein Forstweg bringt uns zu einem Rastplatz mit Unterstand.

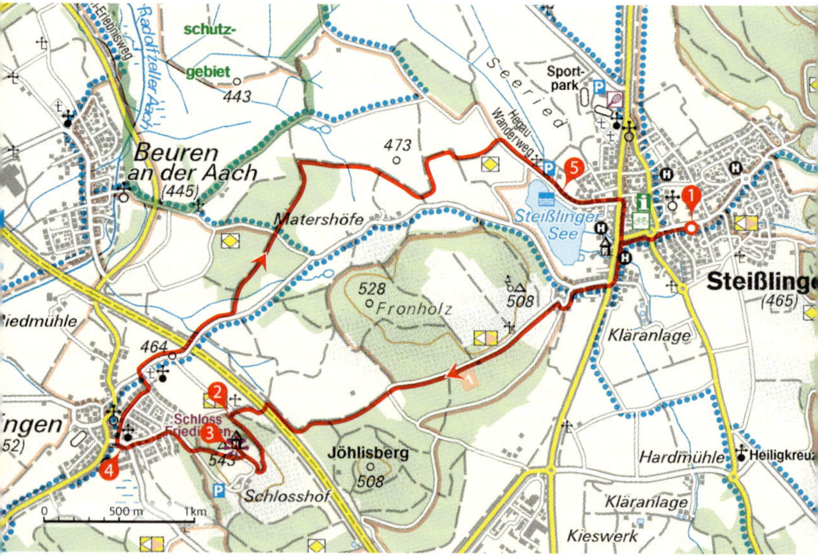

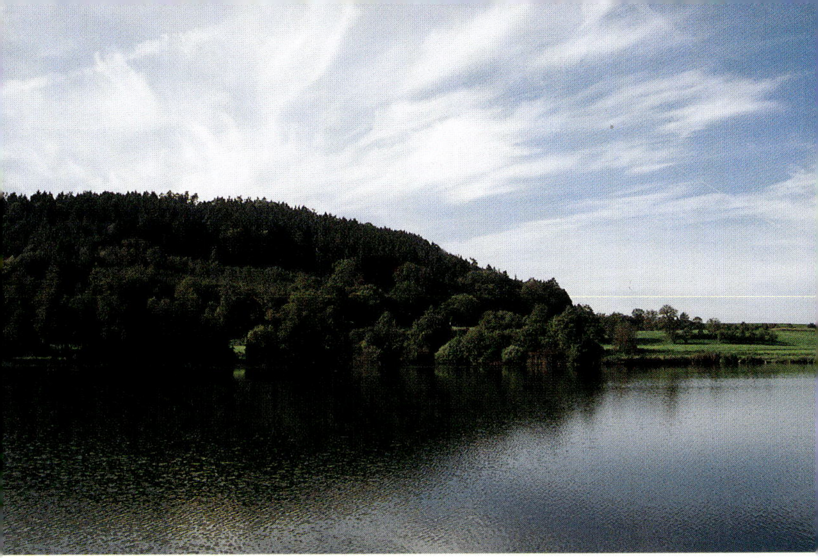

Steißlinger See zwischen Singen und Stockach.

Es folgt ein leichtes Gefälle, dann nehmen wir bei einer Ackerlichtung den Feldweg geradeaus auf die Hegauberge zu. Nach der Schnellstraßen-Unterführung passieren wir die Einöde **Leprosenhaus** 2 und achten auf die *gelbe Raute*. Ein Wanderweg führt hinauf zum liebenswerten **Friedinger Schlössle** 3, 543 m, auf dem Friedinger Berg mit überdachtem Wehrgang. Nun versteckt sich auch die letzte Vulkanruine, der Hohentwiel, nicht länger. Besonders hervorzuheben ist der vortreffliche Alpenblick.

Nach behaglichem Aufenthalt im Biergarten, wo man sich von einem der weit über die Region hinaus bekannten Rittermahle verwöhnen lassen kann, gelangt man auf überraschend steilem Waldpfad hinunter in den Singener Stadtteil **Friedingen** 4, 452 m.

Die *Radwanderweg*-Bezeichnung lenkt in die Straße Wartlanden. Auf dem kaum befahrenen Sträßchen Richtung Minkenloh folgen wir wieder der *gelben Raute*. Wir überqueren die Schnellstraße und halten uns anschließend an den Burgenweg, einen flachen Waldweg. Im weiteren Verlauf leiten aussichtsreiche, ebenfalls erholsame Feldwege am Weiler Maiershöfe vorbei zum recht ansprechend gelegenen **Steißlinger See** 5 und zurück zum Ausgangspunkt in **Steißlingen** 1.

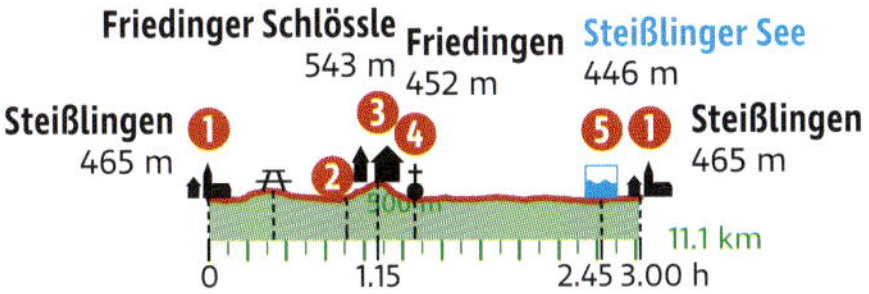

↗ 250 m | ↘ 250 m | 7.1 km

3 Bankholzen – Schlossberg, 618 m

2.20 h

Wo die Ritter von Banchelshoven hausten

Ein kleiner Waldausflug über dem Zeller See führt auf den weltabgeschiedenen Schlossberg am Nordabfall des Schiener Bergs. Dort befand sich vor langer Zeit der Burgstall der Ritter von Banchelshoven. Diese waren Dienstadelige des Bischofs von Konstanz. Nach der Überlieferung verwendeten die Bankholzer Bürger die Steine der verfallenen Burganlage zum Häuserbau im Dorf. Margarethe, die ältere Schwester der Rittersmänner, ist bis heute eine als Deiermooser Gretle bekannte Sagengestalt.

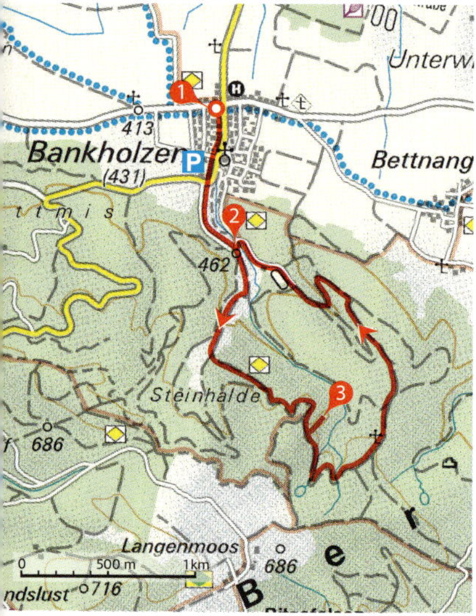

Ausgangspunkt: Bushaltestelle an der Hauptkreuzung in Bankholzen, 416 m (2 km südlich von Moos); Parkplatz bei der Kirche. Bus von Singen.
Anforderungen: Meist gut bezeichnete Wander- und Forstwege. Kurzer wegloser Steilaufstieg bei Nässe nicht empfehlenswert.

An der Hauptkreuzung in **Bankholzen** ❶ wählen wir die durch das kleine Dorf nach Öhningen ansteigende Straße. Hinter der Kirche lenkt die gelbe Raute auf den reizvollen Wanderweg der Naturparkanlage im erfrischend schattigen Mühlbachtal. Wir queren mehrmals den gleichnamigen Wasserlauf und passieren einen Weiher. An der gelungenen Fachwerk-Nachbildung der ehemaligen **Bankholzer Mühle** ❷ aus dem Jahr 1517 mit plätscherndem Miniatur-Wasserrad lädt ein idyllischer Rastplatz zu einer entspannenden Pause ein.

Auf der Lichtung der Friedenslinde nehmen wir den zu Beginn geteerten und zwischendurch deutlicher steigenden Forstweg Richtung Langenmoos. An der Gabelung, wo sich die einsame Route verflacht, folgt man dem roten Punkt und biegt gleich darauf links ab zur nahen Hinweistafel am schummerigen **Schloss-**

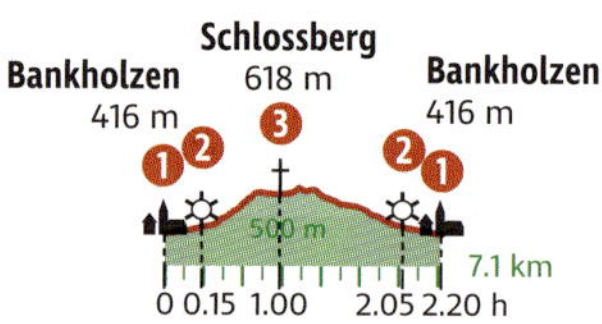

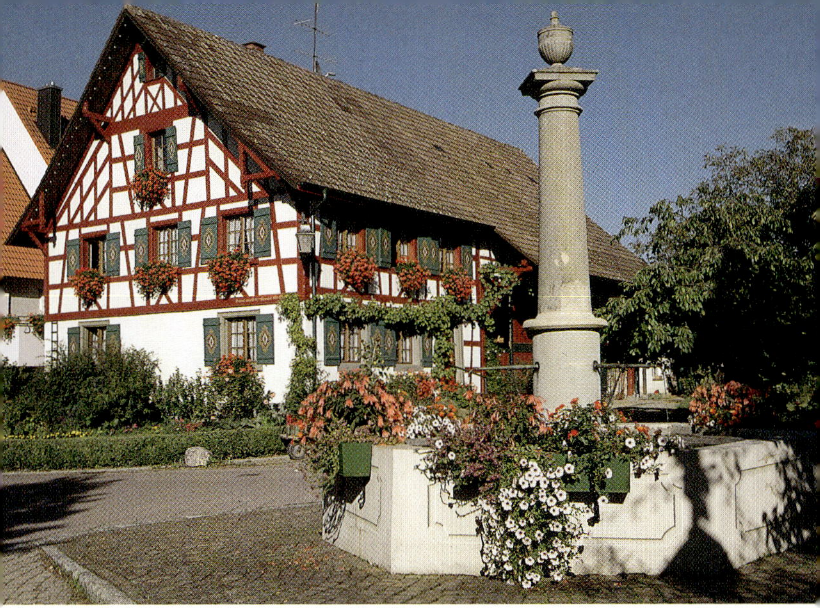

Bankholzen am Nordfuß des Schiener Bergs.

berg ❸, der auch als Schlossbühl bekannt ist. Grabenreste überschreitend, erreicht man mit etwas Mühe weglos in Kürze den höchsten Punkt, der allerdings keine Aussicht bietet.

Wir spazieren zurück zum Hauptweg. Dieser kurvige, flache Löchleweg ist weiterhin mit dem roten Punkt markiert. Auf später talwärts führender Route gilt es die Wanderweg-Abzweigung ins Dorf nicht zu versäumen. Ab einem Rastplatz bringt uns ein Forstweg zum bekannten Mühlbachkurs mit der **Bankholzer Mühle** ❷, der uns wieder zurück zum Ausgangspunkt in **Bankholzen** ❶ leitet.

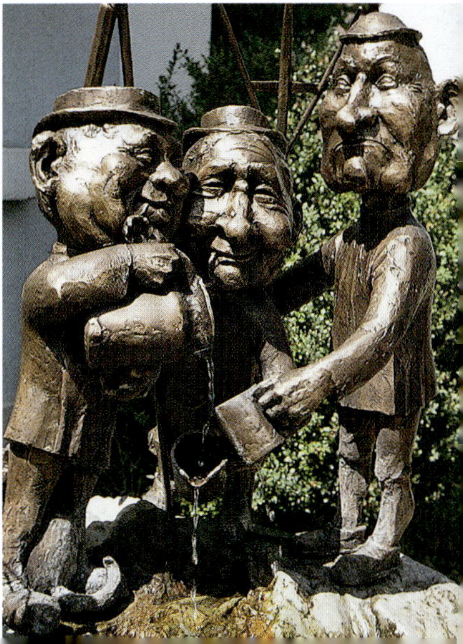

Kleine Bankholzer Dorfszene.

↗ 220 m | ↘ 220 m | 6.5 km

4 Stein am Rhein – Wolkensteiner Berg, 608 m

2.10 h

Minigipfel über dem neugeborenen Hochrhein

Ganz in der Nähe der pittoresken, zum Schweizer Kanton Schaffhausen gehörenden mittelalterlichen Kleinstadt Stein verlässt der Hochrhein den Bodensee. Über dem Flussufer locken hier in der Südwestecke des vorgestellten Wandergebietes die stillen Höhen des Wolkensteiner Bergs zu einer Genießerrunde.

Ausgangspunkt: Bushaltestelle am Untertor im oberen Teil der Altstadt von Stein am Rhein, 408 m; Parkplatz. Bus von Singen.

Anforderungen: Durchwegs vorbildlich bezeichnete Wirtschafts-, Forst- und Wanderwege, anfangs Siedlungsstraßen. Mäßig steile Aufstiege.

Beim Untertor in **Stein am Rhein** ❶ gibt das Wanderschild »Riedern« die Orientierung an. Ab dem Stadtrand geht es auf einem Wirtschaftsweg zu einem Rebgarten. Danach steigen wir auf dem Waldwanderweg Richtung Ramsen bergan zu einem Rastplatz, wo der Aufstieg zur Burg Hohenklingen abzweigt. Wir entscheiden uns nun für den nach Ergeten ausgeschilderten Firstweg. Bald schon spaziert man, zwischendurch auf kurzen Forstweg-Passagen, gemütlich über einen Höhenzug dem **Wolkensteiner**

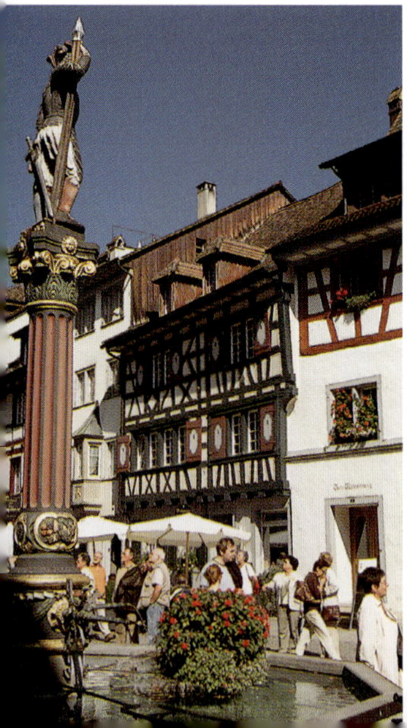

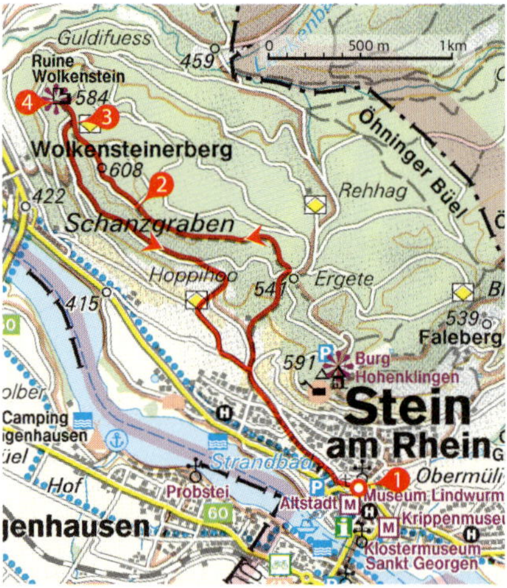

Heimeliges Stein am Rhein.

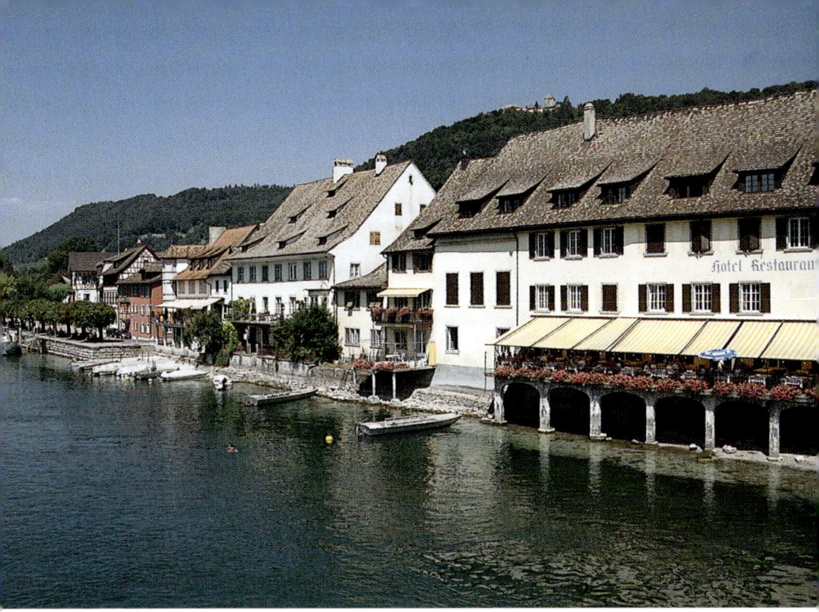

Der Hochrhein passiert das Städtchen Stein.

Berg ❷ entgegen. Da die Aussicht von diesem stillen Miniaturgipfel leider durch Bäume behindert wird, wandern wir hinunter zum **Wolkensteiner Sattel** ❸ und erreichen in wenigen Minuten auf einem Steilabsturz den Aussichtspunkt und einstigen Burgplatz **Wolkenstein** ❹, 584 m. Hier kann man nun den Tiefblick auf das Tal der Biber mit dem Dorfflecken Ramsen genießen. Etwas befremdlich wirkt der Name des Ortsteils Moskau.

Zurück im **Wolkensteiner Sattel** ❸ schlagen wir den Forstweg hinab Richtung Stein am Rhein ein. Nach einem Flachstück geht es auf einem vergnüglichen Wanderweg weiter. Dieser wird in einer Schleife von einem Feldweg abgelöst, der schöne Ausblicke auf den Hochrhein ermöglicht. Jenseits dieses malerischen Flusstals schwillt der Seerücken an. Vom bekannten Weinberg ist es dann nicht mehr weit nach **Stein am Rhein** ❶.

Sicher ist jetzt noch ein wenig Zeit und Muße, die kunstvoll bemalten Bürgerhäuser ums Rathaus zu bewundern. Gleich unterhalb teilt die wegen ihrer Pfahlbauten bekannt gewordene Insel Werd mit der sagenumwobenen Othmarskapelle die Fluten des neugeborenen Flusses.

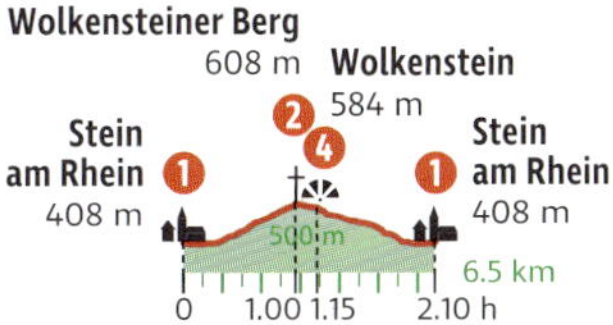

TOP

↗ 130 m | ↘ 130 m | 7.7 km

5 Öhningen – Kattenhorn – Oberstaad

2.10 h

Landschaftliche Vielfalt am Untersee

Anlässlich des 850-jährigen Jubiläums entstand 2005 im Öhninger Ortsteil Kattenhorn ein Geschichtspfad, der anschaulich den Wandel der Zeiten vor Augen führt. Auf dem unbeschwerten Weg zu diesem Unterseedorf mit dem besonderen Flair erlebt man zudem einen ständigen Landschaftswechsel.

Ausgangspunkt: Bushaltestelle am Rathaus von Öhningen, 445 m; Parkplatz. Bus von Radolfzell.
Anforderungen: Gut bezeichnete Pfade und Wirtschaftswege. Leichte Steigungen.
Einkehrmöglichkeit: Strandbad Öhningen.

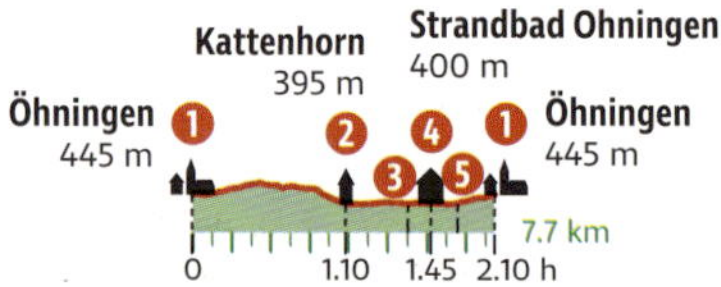

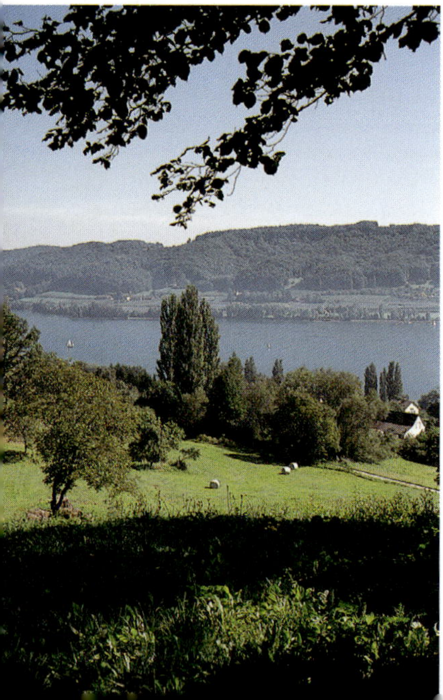

Am Rathaus von **Öhningen** ❶ machen wir uns auf den Weg in die Klingenbachschlucht (auch Klingerbachschlucht). Nach der Sparkasse halten wir die Höhe und beachten die gelbe Raute. Ab dem Ortsende zwängt sich ein Pfad durch die sogenannte Schlucht, für die der bescheidenere Begriff Tobel treffender wäre. Stege tragen uns über den romantischen Waldbach sowie im weiteren Verlauf über einen seitlichen Zufluss und erleichtern auch die Querung eines feuchten Hanges. Beim Waldende halten wir uns auf einem Wirtschaftsweg rechts und gehen über eine Kuppe zum Kattenhorner Bühl. Dort setzt sich die beeindruckende Höhenwanderung mit prächtigem Unterseeblick auf einem Feldweg fort. Ein abwechslungsreicher Pfad durchquert danach in einem Naturschutzgebiet ein paar Waldflecken, bevor an der Liebeshalde wieder ein Feldweg talwärts zum Ortsteil **Kattenhorn** ❷, 395 m, verläuft.

Oberhalb von Kattenhorn ergibt sich eine herrliche Aussicht über den fjordartigen Untersee.

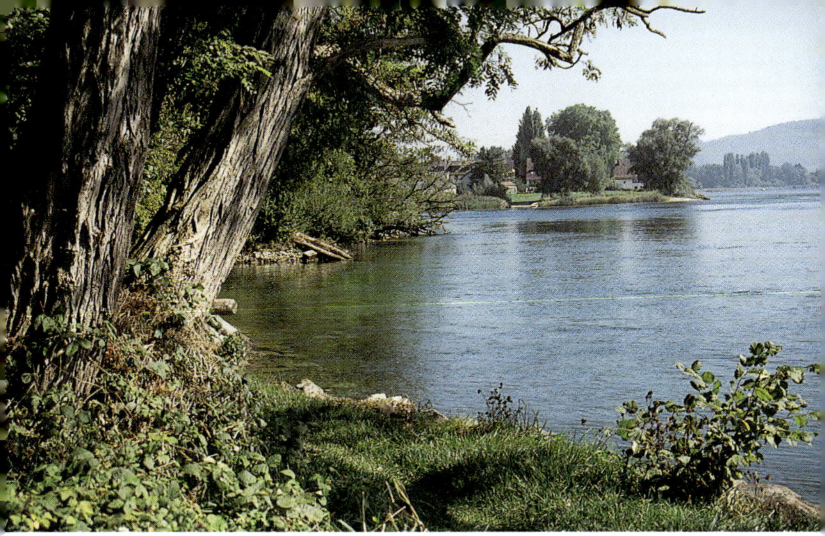

Bei Stiegen verlässt der Hochrhein den Bodensee.

Wir kreuzen die Landstraße und passieren das Schulthais'sche Schlössle sowie das Schloss Kattenhorn mit individueller Kapelle. Hinweisschilder informieren über weitere alte Gebäude. Gleich unterhalb des Schlosses bietet sich eine kleine stille Unterseebucht mit Ausblick zur Schweizer Seite für eine einprägsame Tourenunterbrechung an.
Der mit dem Symbol des Bodensee-Rundwanderwegs bezeichnete asphaltierte Wirtschaftsweg begleitet jetzt das ebenfalls unter Naturschutz stehende, bewaldete Ufer. Ein kleiner Abstecher bringt uns zu der aussichtsreichen Schiffslandestelle **Oberstaad** 3, 398 m. Daraufhin geht es am **Strandbad Öhningen** 4 vorbei nach **Stiegen** 5, 400 m. Von dort ist es nur noch ein Katzensprung zum Kloster und Rathaus in **Öhningen** 1.

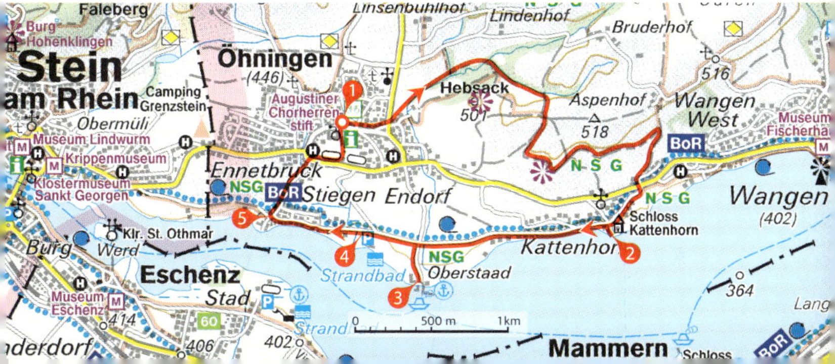

↗ 280 m | ↘ 280 m | 10.4 km

6 Wangen – Langenmoos, 685 m

3.10 h

Der Panoramaweg auf den Schiener Berg

Langenmoos und seine waldreiche Umgebung markieren die höchsten Erhebungen des ausgedehnten Schiener Bergs. Den schönsten Aufstieg zu diesem recht einsam angesiedelten Weiler bietet der Panoramaweg durch die ertragreichen Obstgärten über dem berauschend schönen Untersee. Wie ein schlanker Fjordfinger schmiegt sich der wohl faszinierendste Arm des Bodensees an den sanft gewellten Schweizer Seerücken.

Ausgangspunkt: Bushaltestelle in der Ortsmitte von Wangen, 405 m, 3 km östlich von Öhningen; Parkplatz. Bus von Radolfzell.

Anforderungen: Großenteils gut bezeichnete Wirtschafts-, Forst- und Waldhohlwege sowie Anliegersträßchen. Leichte Steigungen.

Das Ufersträßchen führt ab der Dorfmitte von **Wangen** ❶ westwärts zum ansprechend gelegenen Hafen, wo sich jenseits des blauen Wasserspiegels der Schweizer Seerücken vor uns ausbreitet. Die gelbe Raute beachtend, geht es weiter zum Panoramaweg. Dieser zu Beginn asphaltierte Wirtschaftsweg leitet zwischen kleinen Sandsteinaushöhlungen durch einen Gehölzstreifen bergan Richtung Dreiländereck.

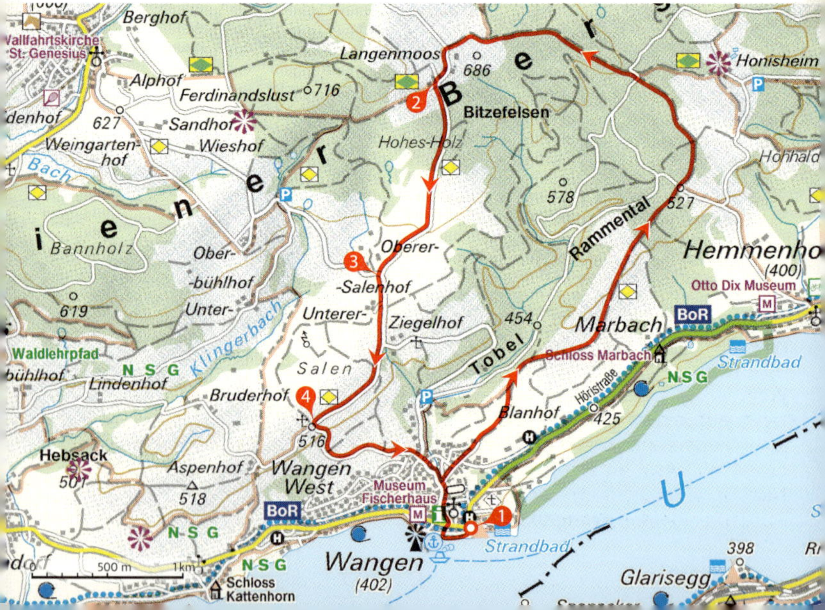

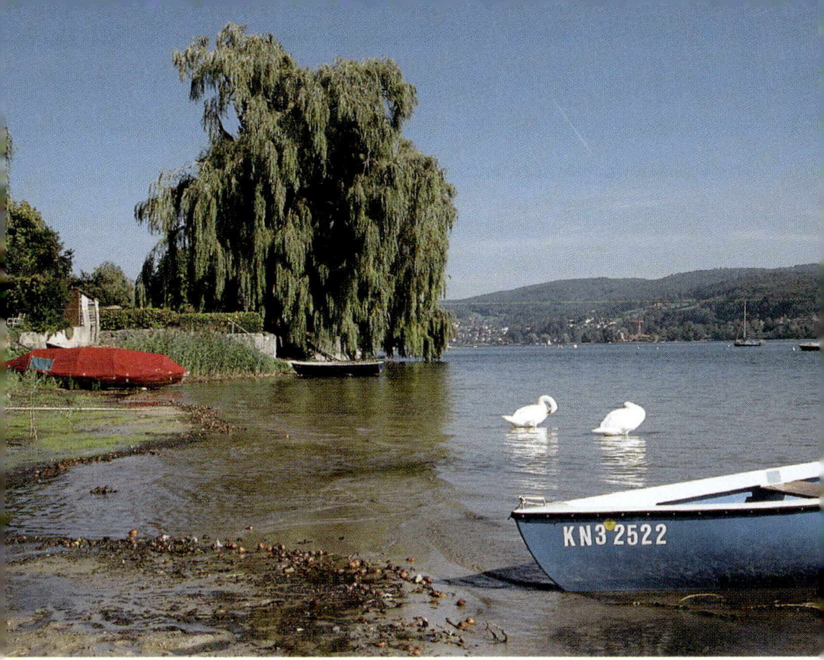

Am Wangener Hafen beginnt der Aufstieg zum Schiener Berg.

Ab den schon bald auftauchenden Obstplantagen verflacht sich die genussreiche Tour über dem begeisternden Untersee immer wieder, wobei an einer Verzweigung die mittlere Route zu wählen ist. Stundenlang möchte man am liebsten über diese unvergesslichen, von der Sonne verwöhnten Hanglagen lustwandeln. Nach einem längeren Forstweg bringt uns ein dunkler Waldhohlweg-Abschnitt des Fernwanderwegs Schwarzwald – Jura – Bodensee zur Hochfläche von **Langenmoos** 2, 685 m, auf dem Schiener Berg.
Dort entscheiden wir uns für das erst nach Schienen beschilderte Anliegersträßchen und wandern ab dem Ende des entlegenen Weilers meist durch Wald talwärts Richtung Wangen. Am Anwesen **Oberer Salenhof** 3, 565 m, mündet unser zügiger Abstieg in eine kaum befahrene Kreisstraße. Wenig später schlendert man erneut auf einem Privatsträßchen an Niederstamm-Kulturen entlang zum **Aspenkreuz** 4, 516 m. Nun ist es nicht mehr weit zum Ausgangspunkt in **Wangen** 1.

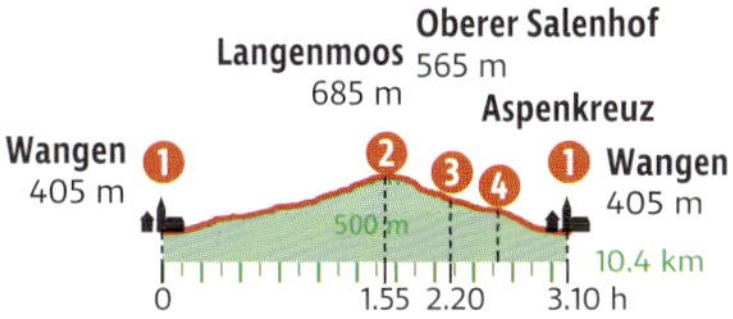

↗ 100 m | ↘ 100 m | 7.9 km

7 Gundholzen – Iznang

2.10 h

Die Künstlerlandschaft der Höri erleben

Berühmte Dichter und Maler wie Hermann Hesse, Ludwig Finckh und Otto Dix ließen sich von der lebendigen, von Industrie verschonten und stressfreien Halbinsel Höri zwischen Zeller See und Untersee inspirieren. Auf sie geht der Beiname Künstlerlandschaft zurück: eine wahre Insel der Erholung. Gleich mehrere Naturschutzgebiete bewahren diesen verträumten Flecken Erde mit seltenen Vogel- und Pflanzenarten vor groben Eingriffen.

Ausgangspunkt: Bushaltestelle am Rathaus von Gundholzen, 417 m, 2,5 km nördlich von Gaienhofen, Parkplatz. Bus von Radolfzell.

Anforderungen: Größtenteils bezeichnete Wirtschafts- und Waldwege. Nur leichte Steigungen.

Einkehrmöglichkeit: Iznang.

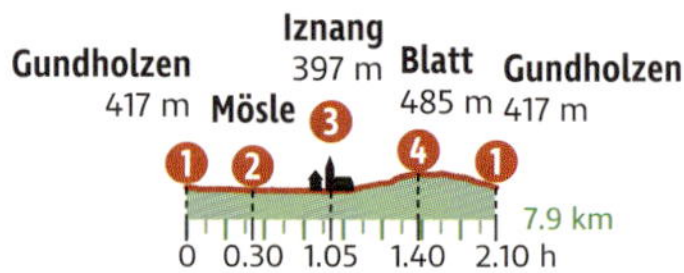

Beim Rathaus des Bauerndörfchens **Gundholzen** ❶ orientieren wir uns am Wegweiser »Zum See«. Vom Bodensee-Rundwanderweg in Richtung Iznang, einem teilweise geteerten Wirtschaftsweg, schlagen wir den kleinen Abstecher zum verlockenden Naturbadeplatz am Zeller See ein. Dort bietet sich eine herrliche Aussicht nach Radolfzell sowie der Blick hinüber zur Gemüse- und Salatinsel Reichenau.

Angler auf dem Zeller See nahe Iznang.

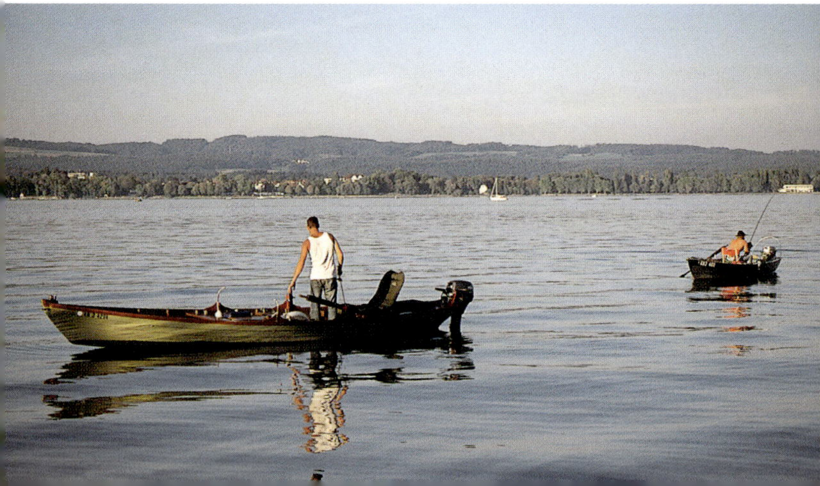

Weiter geht es durch das Naturschutzgebiet am Untersee. Nach dem Ortsteil **Mösle** ❷, 400 m, erstreckt sich das flache Wiesenland bis ans Strandbad von **Iznang** ❸, 397 m. In dem Mooser Gemeindeteil bringt uns die Seestraße zum Landesteg, wo sich im Westen die Hegauberge sehen lassen.

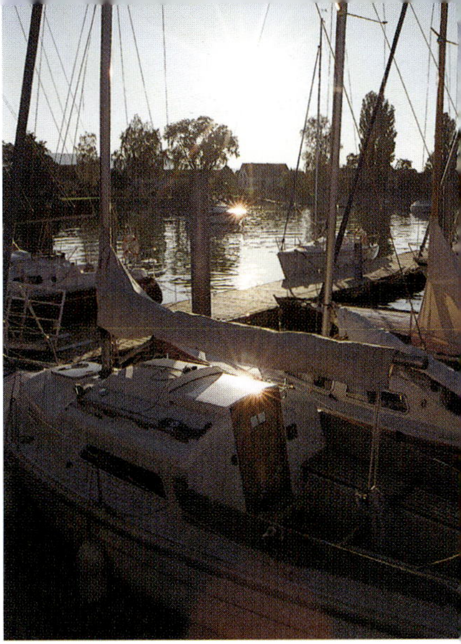

Iznanger Hafenstimmung.

Zurück am Strandbad halten wir uns bergan Richtung »Blatt«. Die gelbe Raute weist über die Höristraße. Anschließend steigt ein Feldweg über Obsthänge und mündet daraufhin in ein Wirtschaftssträßchen. An einem Flurkreuz entscheiden wir uns für den geruhsamen, zum Wasserturm beschilderten Waldweg. Vom Waldende bummelt man über die Wiesenkuppe namens **Blatt** ❹, 485 m. Nochmals erfreut den Wanderer die freie Sicht über den lang gezogenen Zeller See. Gleich nachdem wir auf eine Straße stoßen, halten wir uns – soweit wir nicht noch den nahen Wasserturm mit Ausblicken in die Vorarlberger und Schweizer Berge besuchen möchten – links bergab nach **Gundholzen** ❶.

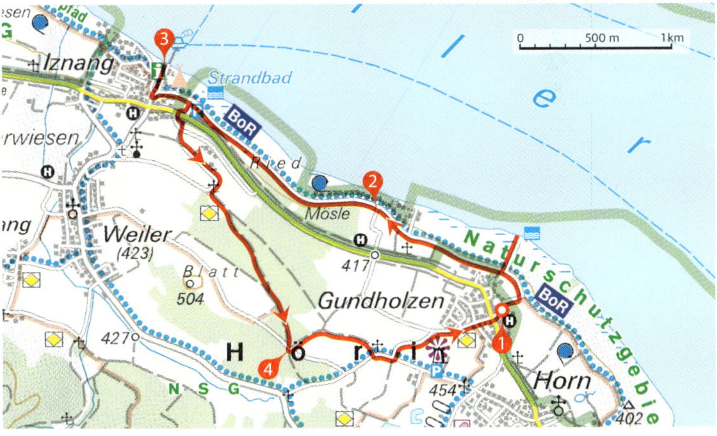

↗ 160 m | ↘ 160 m | 15.0 km

8 Allensbach – Markelfingen

4.00 h

Auf dem Bodensee-Rundwanderweg am Gnadensee

Eine stille Waldetappe des Rundwegs um das Dreiländergewässer verbindet die beiden Gnadenseeorte Allensbach und Markelfingen. Erhebend gestalten sich die Weitblicke über die drei schillernden Seearme zwischen dem Bodanrück und dem Südufer.

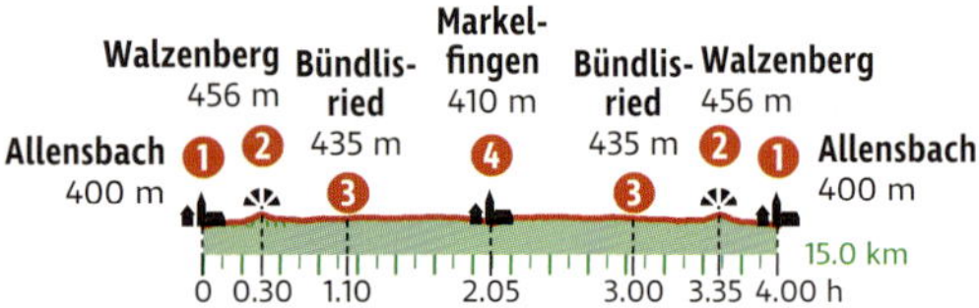

Ausgangspunkt: Bahnhof von Allensbach, 400 m; Parkplatz Richtung Konstanz. An der Zuglinie Radolfzell–Konstanz.

Anforderungen: Vorbildlich bezeichnete Wirtschafts- und Forstwege. Leichte Steigung.

Einkehrmöglichkeit: Markelfingen.

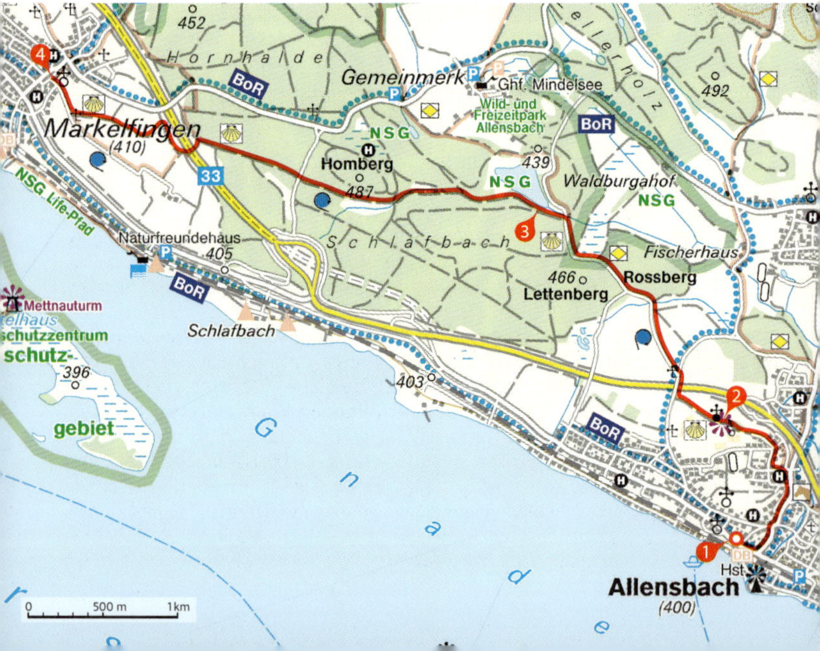

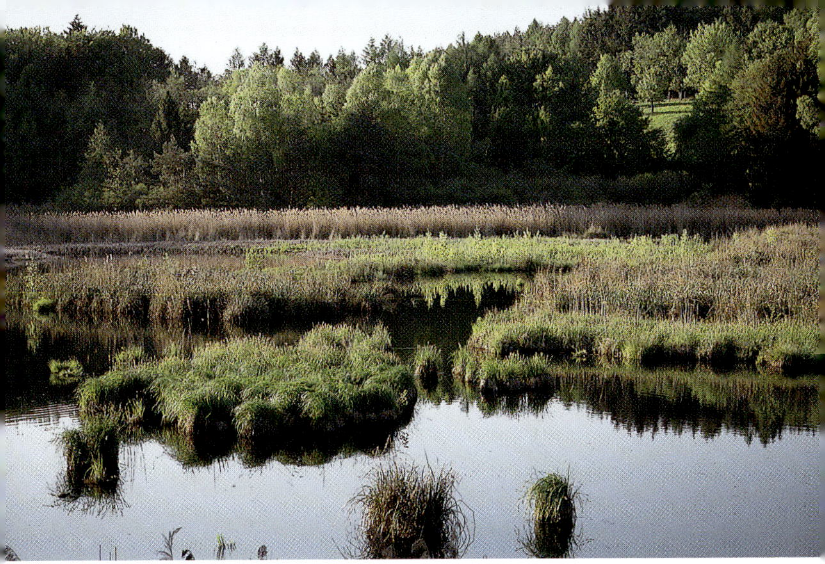

Naturschutzgebiet Bündlisried zwischen Allensbach und Markelfingen.

Wir halten uns vom Bahnhof in **Allensbach** ❶ bergan Richtung Wild- und Freizeitpark, bis der Wanderwegweiser »Am Walzenberg« und der blaue Punkt mit schwarzer Schleife den Kurs zeigen. Auf einem Wirtschaftsweg erreichen wir das Kreuz auf der Wiesenanhöhe **Walzenberg** ❷, 456 m. Der Lohn für die kleine Mühe ist eine hinreißende Aussicht über die aus den Fluten des Gnadensees auftauchende Insel Reichenau ans eidgenössische Seeufer. Hinter der Halbinsel Mettnau grüßen die Bergkegel der Hegau-Vulkanlandschaft.

Eine geteerte Fahrbahn leitet nach kleinem Abstieg Richtung Markelfingen über die Bundesstraße. In leichtem Auf und Ab nähern wir uns dem Wald am Roßberg. Dort passiert ein Forstweg die Schilfzone eines Naturschutzgebietes. Hier ist der kleine Abstecher zum Wildpark möglich. Wir kommen zum Waldsee im ebenfalls geschützten **Bündlisried** ❸, 435 m. Ein betretbarer Jägerstand verschafft einen hervorragenden Einblick zum versteckten Gewässer mit Wildnischarakter: Was für ein bereichernder Naturverhau!

Noch eine ganze Weile setzt sich der beruhigende Waldgang fort zu einer Mobilfunkantenne, dann eröffnet ein Wirtschaftsweg – nochmals die B 33 überquerend – einen weiteren ausgezeichneten Seeblick. Zuletzt senkt sich der Rundwanderweg nach **Markelfingen** ❹, 410 m. In dem Radolfzeller Stadtteil im Markelfinger Winkel kann man gemütlich einkehren, bevor man auf bekannter Route den Rückweg antritt oder sich vom Bus zurück zum Ausgangspunkt in **Allensbach** ❶ kutschieren lässt.

TOP

9 Mittelzell – Hochwart – Niederzell

↗ 60 m | ↘ 60 m | 8.2 km

2.20 h

Inselbummeln von Gewächshäusern zu Traumbuchten

Seine drei mittelalterlichen Kirchen haben dem klimabegünstigten »Gemüsegarten« Reichenau zwischen Gnadensee und Untersee die Auszeichnung UNESCO-Weltkulturerbe eingebracht. Die Hochwart ist der höchste Punkt des fast fünf Kilometer langen badischen Eilandes. Nach dem Besuch dieses Minigipfels wollen wir – vorbei an märchenhaften Buchten – die gesamte westliche Inselhälfte umrunden.

Ausgangspunkt: Bushaltestelle am Museum Reichenau in Mittelzell, 402 m; Parkplatz. Bus von Radolfzell.
Anforderungen: Genügend bezeichnete Wanderwege, Pfade und stille Gemeindesträßchen. Leichter Anstieg.
Einkehr: Schiffslände, Campingplatz Sandseele, Niederzell.

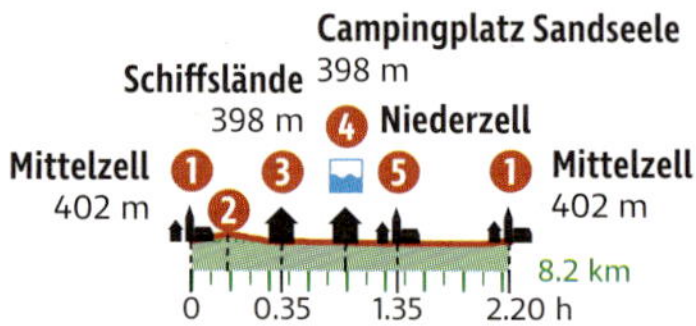

Beim Museum Reichenau in **Mittelzell** ❶ steigt die schmale Hochwartstraße zum bereits sichtbaren, geschindelten Häuschen der Töpferei **Hochwart** ❷, 439 m, an. Der beliebte Aussichtspunkt auf diesem erhobenen Herz der Insel schenkt einen prächtigen Rundumblick über die verschiedenen Seearme. Im Westen zeichnen sich die trutzigen Berggestalten des Hegaus ab.
Wir schlendern ein kleines Stück zurück, gehen beim Parkplatz links bergab und kreuzen die Vorfahrtsstraße in die Markusstraße. Anschließend folgen wir dem Radsymbol, bis das Fußgängerschild zur **Schiffslände** ❸, 398 m, im Südteil der Insel lenkt. Der Uferweg folgt nun teils als Wanderweg, teils als Pfad fast durchwegs unmittelbar dem Seesaum bis zum **Campingplatz Sandseele** ❹, der über einen vortrefflichen Badeplatz verfügt. Wie nicht anders zu erwarten gibt es unterwegs auch jede Menge Gemüse und Salat zu bewundern.

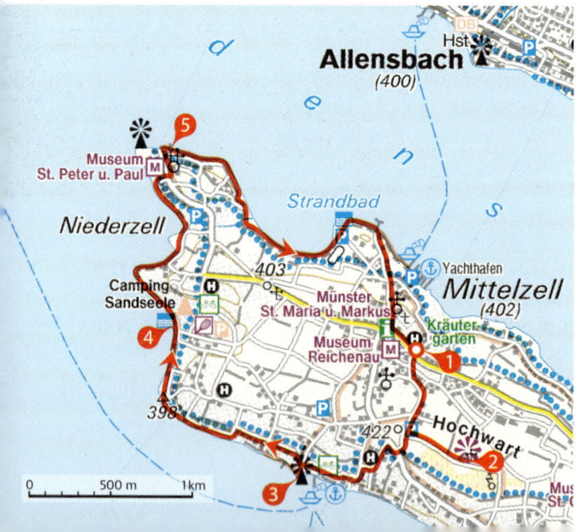

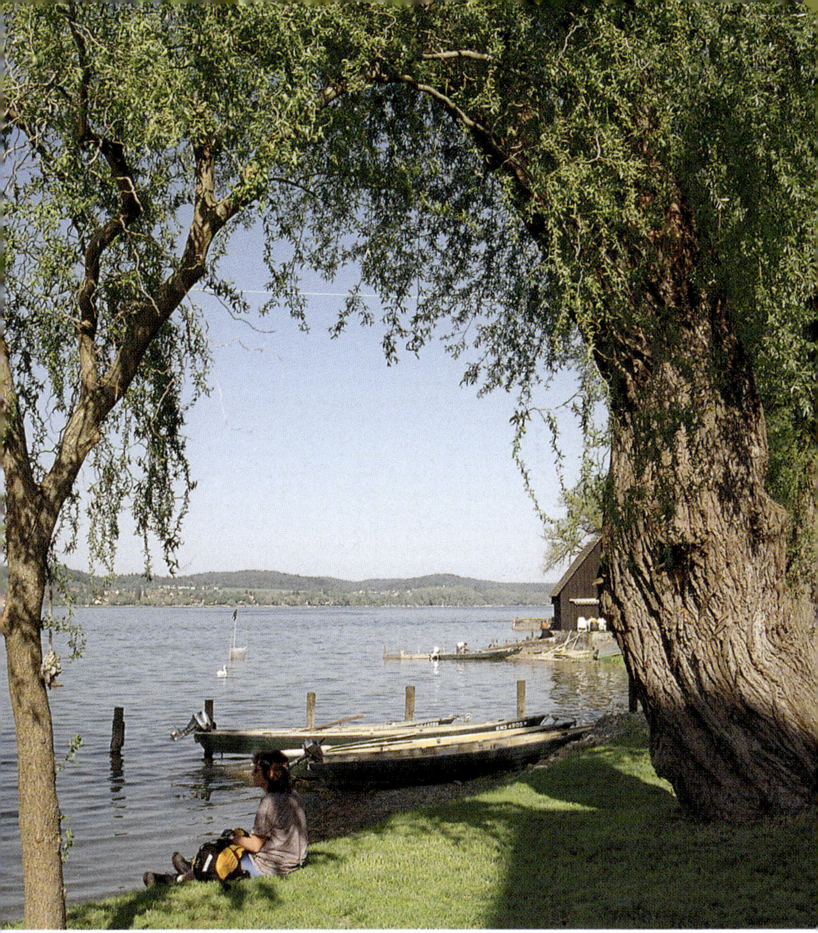

Reichenau: nicht nur Salat und Gemüse.

Ein Traumspaziergang führt uns um reizvolle Buchten nach **Niederzell** 5, 395 m, wo die auf das Jahr 799 zurückgehende Doppelturmkirche und das Schloss Windeck auffallen. Jenseits des Gnadensees erheben sich die Waldwellen des Bodanrücks, diesen vorgelagert die Gemeinde Allensbach. Wanderwege und Pfade leiten in gewohnt genussvoller Manier am Nordufer nach **Mittelzell** 1, wo wir vom Strandbad Reichenau zum Ausgangspunkt zurückkehren.

↗ 210 m | ↘ 210 m | 12.4 km

10 Liggeringen – Langenrain – Ruine Kargegg

3.30 h

Am Nordabsturz des Bodanrück

Die sandsteingepanzerten zum Überlinger See abbrechenden Flanken des Bodanrück schaffen eine spannungsgeladene Wildniskulisse. Direkt an der Abbruchkante erinnert die Bodmansche Wohnturmruine Kargegg, die einstige Frontturmburg »Uff der kargen Eck«, an die Herrschaft von Möggingen, die im 13. und 14. Jahrhundert hier residierte.

Ausgangspunkt: Bushaltestelle an der Metzgerei Zunftmeister in Liggeringen, 542 m, 7 km nordöstlich von Radolfzell; Parkplatz bei der Kirche. Bus von Radolfzell.
Anforderungen: Vorwiegend gut bezeichnete Wirtschafts- und Forstwege sowie ruhige Sträßchen, kurze Wiesenspur. Nur sanfte Anstiege.
Einkehrmöglichkeit: Mit kurzem Abstecher von der Hauptroute im Hof Höfen vor Langenrain.

Wir starten an der Metzgerei Zunftmeister in **Liggeringen** ①, gehen am Landgasthof Germania vorbei Richtung Schneckenberg und folgen außerhalb des Ortes dem gemütlich steigenden Sträßchen zwischen Ackerflächen und Gehölzstreifen zu einem Grillplatz.
Dort weist die gelbe Raute auf eine am Waldrand leicht talwärts führende Wiesenspur. Als Feldweg passiert die Route nun einen Weiher. Nach weiterer unscheinbarer Steigung geht es auf einem Forstweg (Einkehrabstecher zum Hof Höfen möglich), später auf einem ruhigen Straßenabschnitt hinab nach **Langenrain** ②, 534 m, mit barockem Schlossbau.
Wir beachten das Schild »Ruine Kargegg«, halten uns an den Blissenweg zum Spielplatz und an das anschließende Wirtschaftssträßchen. Am Ende einer Obstplantage zieht sich nach einem Stück Feldweg ein Wiesenpfad zum Hochflächenrand über dem Überlinger See. Auf einem zuletzt fallenden Waldwanderweg erreichen wir die **Ruine Kargegg** ③, 492 m.

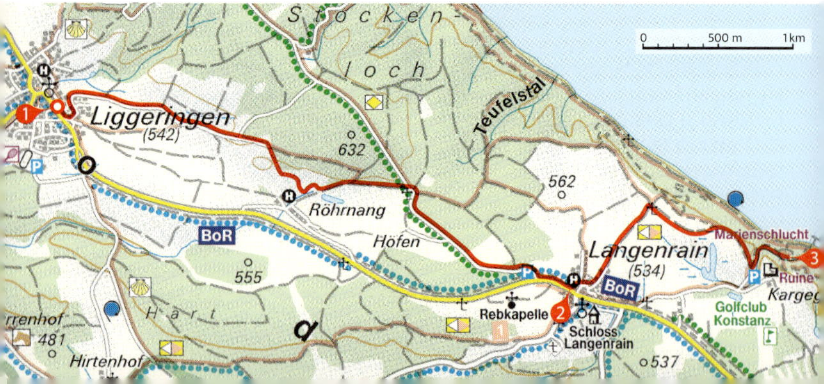

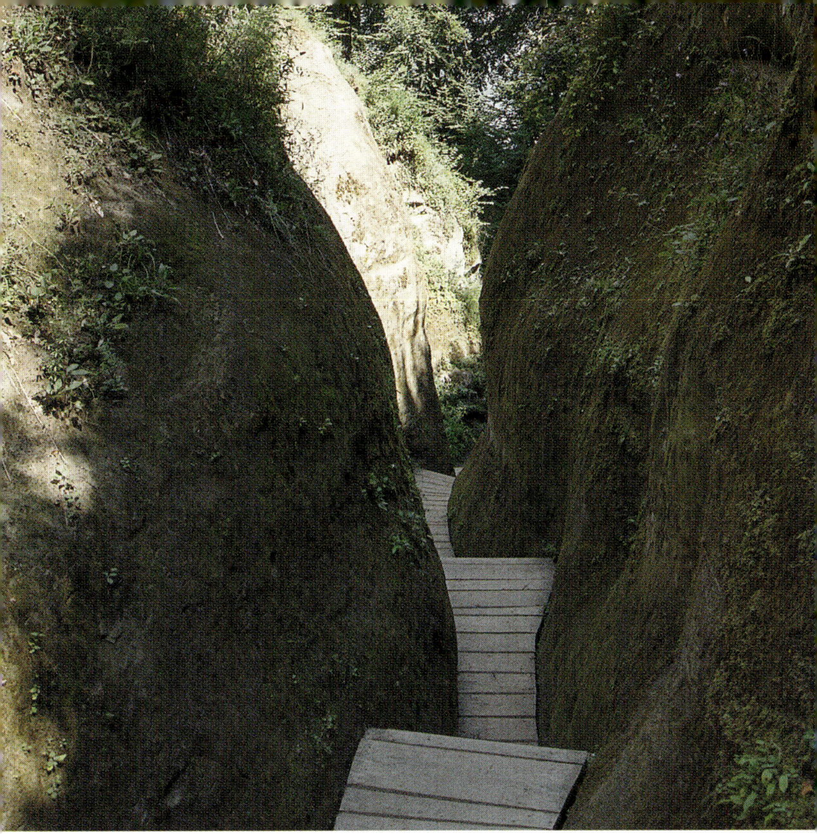

Der Abstieg von der Ruine Kargegg durch die Marienschlucht ist bis 2023 gesperrt.

Das Ende der ehemaligen Burg, zuletzt im Besitz der Herren von Bodman, geht im Mai 1525 auf das Konto aufständischer Bauern. Diese waren im Hegau, auf dem Bodanrück und der Insel Reichenau niederbrennend und blindwütig zerstörend umhergezogen und hatten im Dorf Bodman nicht mal den edlen Tropfen in Fässern gelagerten Weines verschont.

Der Rückweg zum Ausgangspunkt in **Liggeringen** 1 erfolgt auf dem Hinweg.

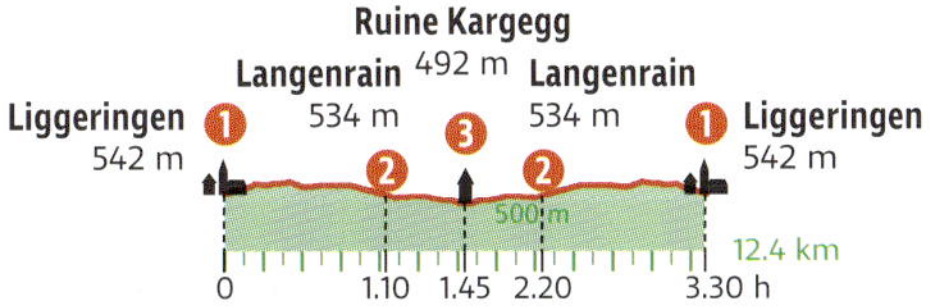

↗ 200 m | ↘ 200 m | 16.8 km

11 Wallhausen – Litzelstetten

4.30 h

Wälder und Weiher zwischen Konstanzer Stadtteilen

Viel Freiraum für Ländlichkeit mit weiten Waldungen, sonnigen Wiesenhügeln und Feuchtgebieten entdecken Wanderer zwischen den verstreuten Konstanzer Stadtteilen.

Ausgangspunkt: Bushaltestelle im Konstanzer Stadtteil Wallhausen, 400 m; Parkplatz. Bus von Konstanz.
Anforderungen: Meist gut bezeichnete Wirtschafts-, Forst- und Wanderwege, in den Orten Fußgängerwege und kurze Straßenabschnitte. Leichte Steigungen.
Einkehrmöglichkeit: Litzelstetten.

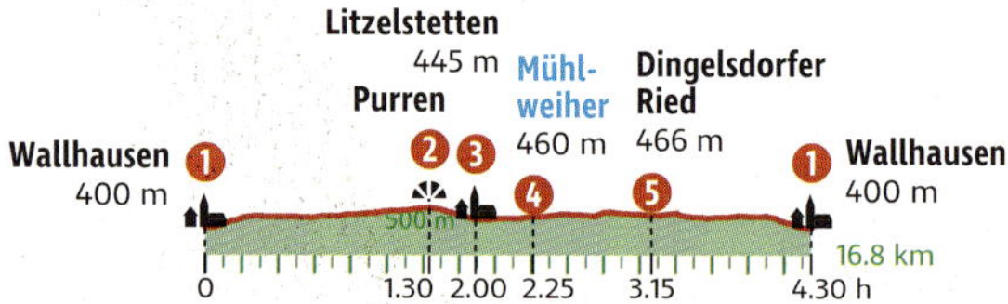

Wir gehen von der Bushaltestelle in **Wallhausen** ❶ zum Hafen und nehmen dahinter das ansteigende Sträßchen »Seehang«. Beim Fachwerkgebäude Wallhausener Hof aus dem Jahr 1600 folgen wir der Landstraße und nach dem Ortsende dem Waldweg in Richtung Dettingen. Das Täfelchen »Purren« weist auf die andere Straßenseite zu einem flachen Feldweg, der mit der rot-weißen Markierung des Querwegs Freiburg – Bodensee über das Ackerland führt.

Wir gehen kurz auf einer fallenden Kreisstraße, dann setzt ein Waldpfad an. Bald wandern wir, die Bezeichnung nicht aus dem Auge lassend, auf einem meist wieder leicht steigenden Forstweg durch anhaltende Waldeinsamkeit zum Aussichtspunkt **Purren** ❷, 508 m. Dort erfreut man sich eines weiten Bodenseeblicks. Die Allgäuer Alpen, Vorarlberger und Schweizer Gipfel bestimmen das Panorama. Richtung Konstanz ist es jetzt nicht mehr weit auf einem Wirtschaftsweg über eine Anhöhe nach **Litzelstetten** ❸, 445 m, wo man sich für den Rückweg stärken kann.

Wir spazieren südwärts und queren die Kreisstraße einmal an der Ampel beim Sportzentrum und nach kurzem Radwegabschnitt ein zweites Mal achtsam zum Parkplatz Entengraben. Eine sanfte Forstwegsteigung führt zum waldumrahmten **Mühlweiher** ❹, 460 m. Ab der dortigen Gabelung halten wir uns an die *gelbe Raute* Richtung Dingelsdorf. Am Naturschutzgebiet Mooswiese vorbei geht es zum ebenfalls geschützten **Dingelsdorfer**

Der Mühlweiher auf dem Bodanrück.

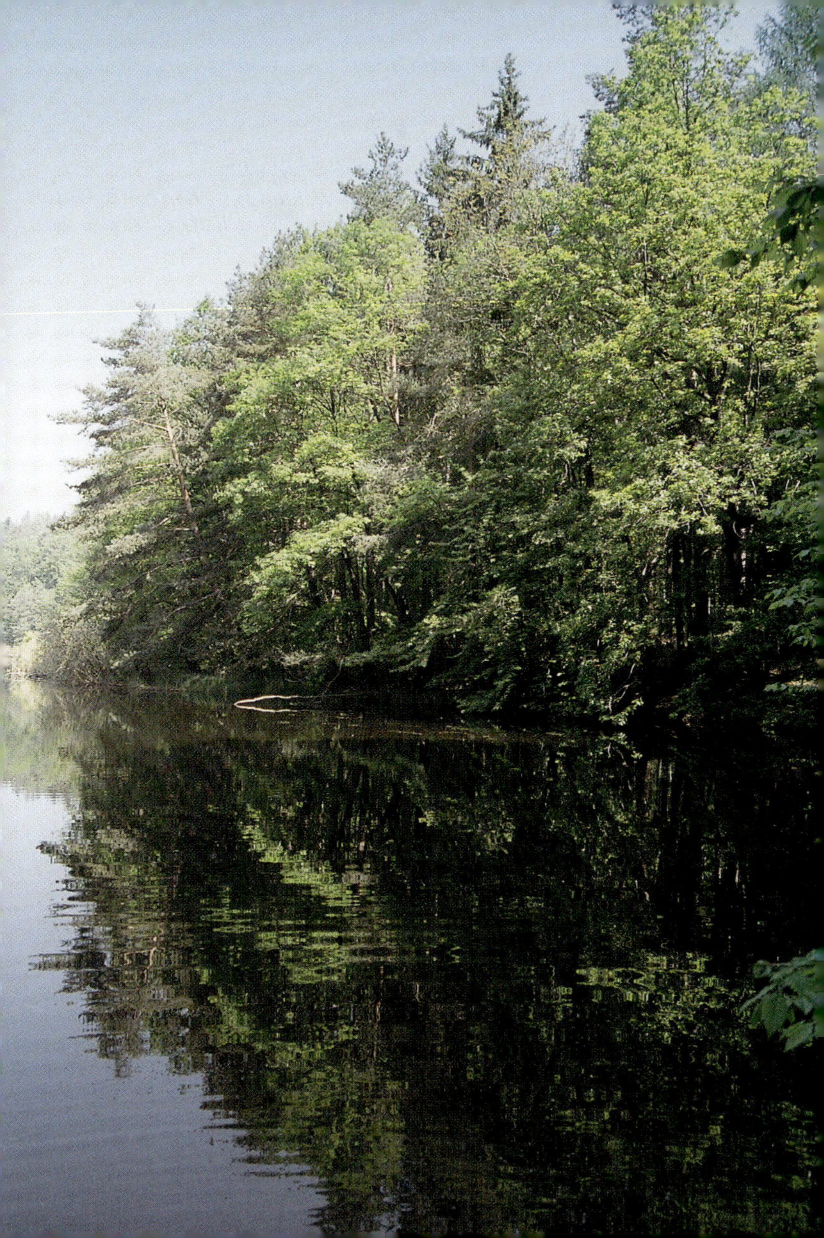

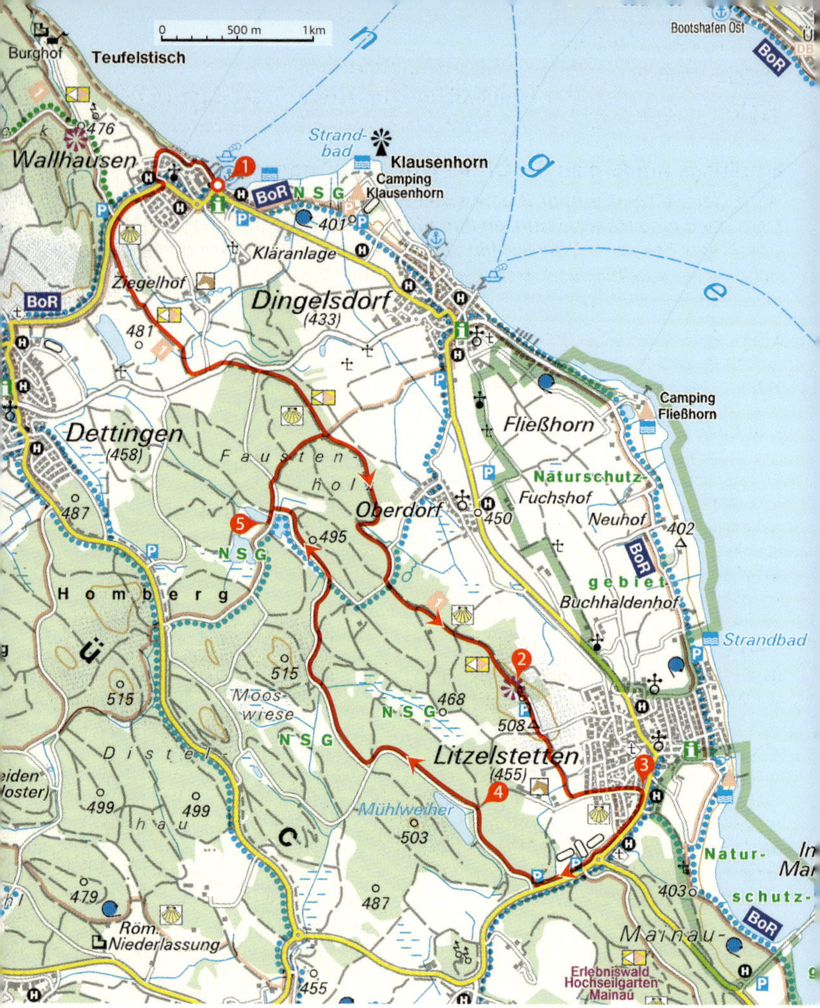

Ried 5, 466 m, mit reizvoller Weiher-Gruppierung. Bevor wir den Weg Richtung Wallhausen einschlagen, lohnt sich in der Oase berauschender Stille der Dammweg-Abstecher. Kurz danach weist die *gelbe Raute* auf einen Wanderweg über eine kleine Kuppe. Anschließend stoßen wir auf die Route nach **Wallhausen 1**.

↗ 90 m | ↘ 90 m | 14.5 km

3.50 h

Staad – Mainau – Litzelstetten 12

Erholungswandern an der Öffnung des Überlinger Sees

Nahe der weltberühmten Blumeninsel Mainau, wo im Frühjahr auf einem Fleck etwa eine Million Pflanzen ihre Blütenpracht entfalten, öffnet sich der Überlinger See zum Obersee hin. Zwei Weitwanderweg-Abschnitte lassen sich hier im stadtnahen Erholungsgebiet von Konstanz zu einer komfortablen Runde verbinden.

Ausgangspunkt: Bushaltestelle an der Autofähre im Konstanzer Stadtteil Staad, 400 m; Parkplatz. Bus vom Hauptbahnhof in Konstanz.
Anforderungen: Meist bezeichnete Anliegersträßchen sowie markierte Wander-, Forst- und Radwege. Leichte Steigungen.
Einkehrmöglichkeit: Mainau, Litzelstetten, Allmannsdorf.

Bei der Autofähre in **Staad** ❶ dem Gehsteig der rechten Straßenseite folgend achten wir auf die Radtafel »Mainau«. Ein Anliegersträßchen führt nahe dem Überlinger See zum Stadtteil **Egg** ❷, 410 m. An der Insel **Mainau** ❸, 397 m, vorbei und entlang einer Schilfzone bringt uns der Bodensee-Rundwanderweg (blauer Punkt) durch die Graf-Lennart-Bernadotte-Allee mit knorrigen Ahornveteranen. Nach einem Naturschutzgebiet verlockt ganz kurz vor Litzelstetten der Anlegesteg des Yachtklubs wegen seines Mainaublicks zu einem »Seitensprung«. Das Sträßchen Holdersteig leitet zum besuchenswerten **Strandbad** ❹.
Wir gehen ein kleines Stück zurück und halten uns Richtung Dettingen bergan zum Dorfkern von **Litzelstetten** ❺, 455 m. Dort wenden wir uns nach links und begeben uns nach Queren der Kreisstraße an der Ampel beim Sportzentrum auf den

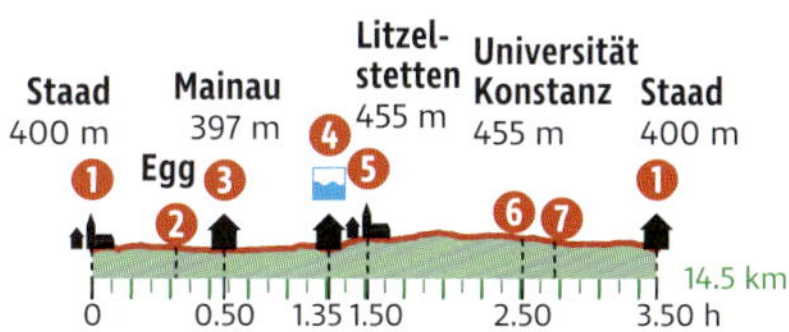

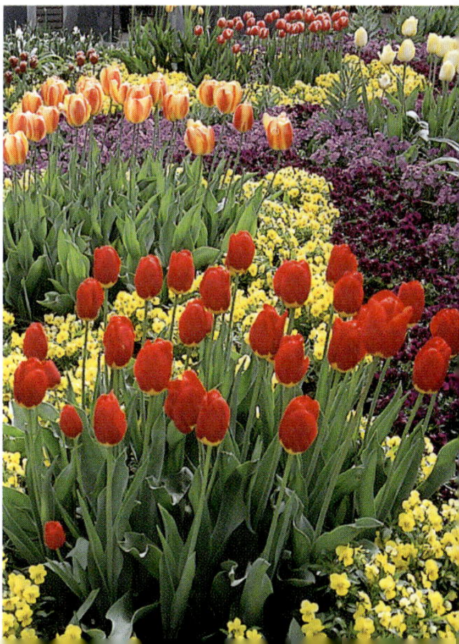

Blütenträume: Auf der Blumeninsel Mainau.

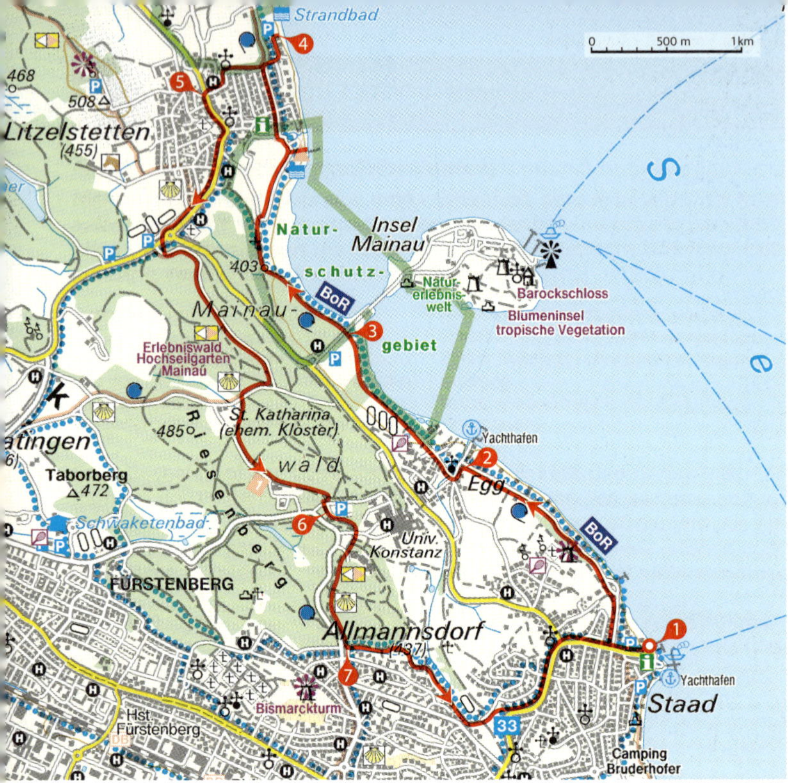

mit »St. Katharina« beschilderten Querweg Freiburg – Bodensee. Ein kurzer Pfad mündet in einen mit weiß-roter Raute markierten Forstweg. Durch den Mainauwald schlendern wir in leichtem Auf und Ab am ehemaligen Kloster St. Katharina vorbei zum Botanischen Garten der **Universität Konstanz** ❻, 455 m.

Ab dem Parkplatz Nord hat man die Rautenmarkierung Richtung Altstadt zu beachten. Auf einem Fußgängerweg, später Waldwanderweg, geht es leicht bergab zum Stadtrand von Konstanz. Noch vor den ersten Häusern folgen wir links dem Radweg und wandern an der Verzweigung nach 300 Metern rechts durch ein Wiesental. Danach schlagen wir einen Bogen um das Sportgelände, gelangen auf einem schmalen Fußweg zum Ortsteil **Allmannsdorf** ❼, 437 m, und treffen daraufhin wieder in **Staad** ❶ ein.

Konstanz-Allmannnsdorf.

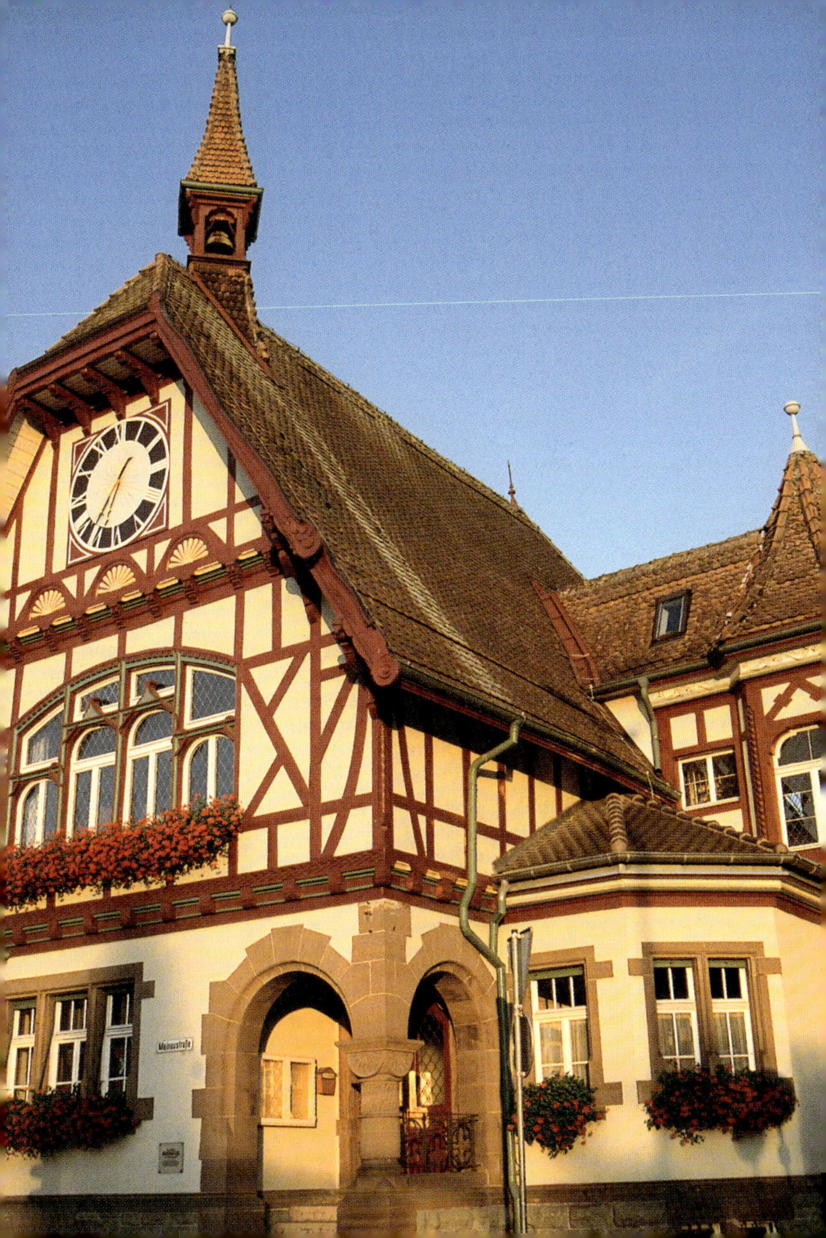

↗ 190 m | ↘ 190 m | 7.9 km

13 Hindelwangen – Ruine Nellenburg, 620 m

2.20 h

Wo einst eine der bedeutendsten Hegauer Adelsburgen stand

Die Nellenburg wurde 1056 als castellum meum Eberhardi comitis Nellenburc erstmals urkundlich erwähnt und hat den Grafen und der Landgrafschaft Nellenburg ihren Namen gegeben. Sie war Sitz der mit den Burchardingern verwandten Nellenburger Grafen und wurde wiederholt belagert, zerstört, erneut aufgebaut und 1782 endgültig abgebrochen.

Ausgangspunkt: Bushaltestelle bei der Kirche im Stockacher Stadtteil Hindelwangen, beim Ortsende in Richtung Tuttlingen, 500 m; Parkplatz. Bus von Stockach, Bahn von Radolfzell.

Anforderungen: Meist gut bezeichnete Wirtschafts- und Forstwege, kurze Abschnitte auf Pfaden und auf einem stillen Sträßchen. Nur mäßig steile Aufstiege.

Wir folgen bei der Kirche in **Hindelwangen** ❶ dem Burgenweg (gelbe Raute) bergan Richtung Nellenburg. Der geteerte Wirtschaftsweg schenkt einen hübschen Stadttiefblick. Auf dem Forstweg durch den Hindelwanger Pfarrwald erreichen wir eine Kuppe. Gleich danach versetzt uns auf einem Pfad eine erhebende Fernsicht über die Waldhügellandschaft zur lang gezogenen Bergkette in Hochstimmung: das Bregenzerwaldgebirge, der Rätikon, die Schweizer Gipfelwelt!

Wenig später ist das ehemalige Höhengasthaus von **Nellenburg** ❷ erreicht. Im Nu bringt uns eine Pfadspur zu den bescheidenen Mauerresten der auf einem Waldschopf befindlichen **Ruine Nellenburg** ❸, 620 m. Die 1056 erstmals erwähnte Feste soll laut Burgenforschern einst als stattliche

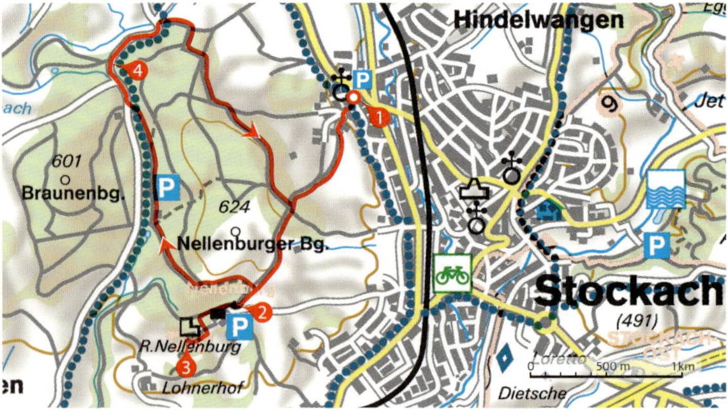

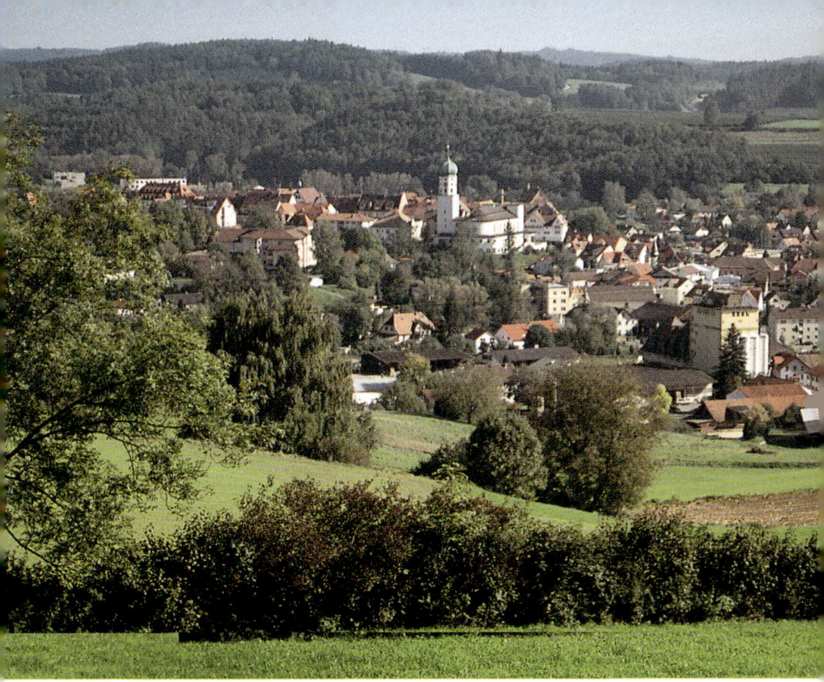

Stockach im Tal der Stockacher Aach.

Anlage mit Ecktürmen beeindruckt haben. Der Name bezieht sich gemäß der Sage auf die ehemalige Burgherrin Nella, die hier mit dem Wasser des Nellabachs christlich getauft wurde.

Wir bummeln zurück nach **Nellenburg** 2 und halten uns an der oberen Verzweigung an die Beschilderung »Bergweg«. Ein Feldweg wird vom leicht fallenden Forstweg Richtung Rennehau abgelöst. Kurz bevor man auf ein Sträßchen stößt, wählt man rechts den flachen Parallelweg. Im weiteren Verlauf eine Weile dem kaum befahrenen Sträßchen folgend passiert man Richtung Hindelwangen den Rastplatz **Zackel** 4, 545 m, nahe dem gleichnamigen Kalkquellmoor.

Wieder auf einem Forstweg, mündet unser Rundgang nach einer abschließenden Steigung im Hindelwanger Pfarrwald talwärts in den schon bekannten Weg zurück nach **Hindelwangen** 1.

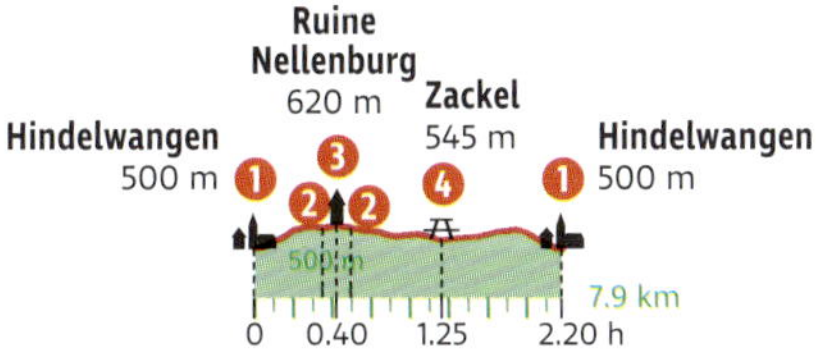

TOP

14 Ludwigshafen – Römerbrunnen – Blaue-Tafel-Hütte

↗ 260 m | ↘ 260 m | 11.7 km

3.30 h

Einer der längsten Bodenseepfade

So stellt man sich das Waldwandern vor: ungestört auf Traumpfaden! Nahezu eine Stunde lang weder auf Forstfahrzeuge noch Radfahrer achten zu müssen. Unterwegs kein Haus, keine kreuzende Straße. Wo ließe sich rascher die manchmal brodelnde Gedankenwelt des Alltags abschalten? Ludwigshafen am Ende des Überlinger Sees macht es möglich, ausgerechnet mit der direkten Verbindung zur Stadt Stockach, einem der längsten Pfade im Bodenseeraum.

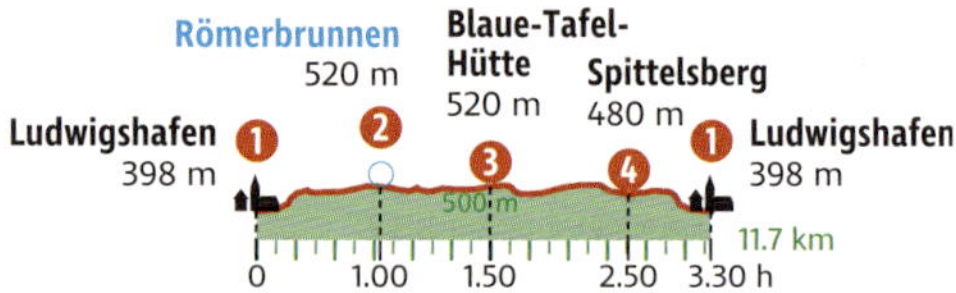

Ausgangspunkt: Bahnhof in Ludwigshafen, 398 m; Parkplatz. An der Zugstrecke Radolfzell – Überlingen.

Anforderungen: Gut bezeichnete Pfade, Forst- und Wirtschaftswege. Leichte Anstiege.

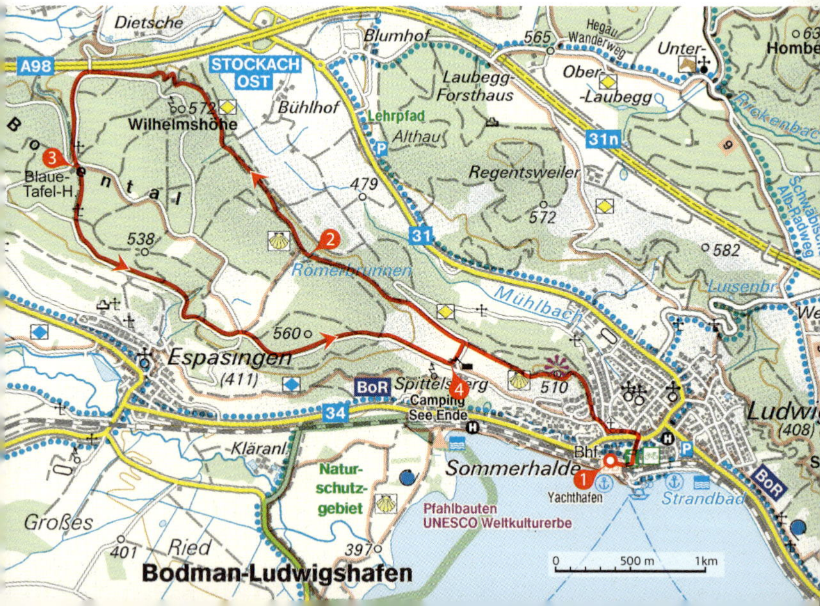

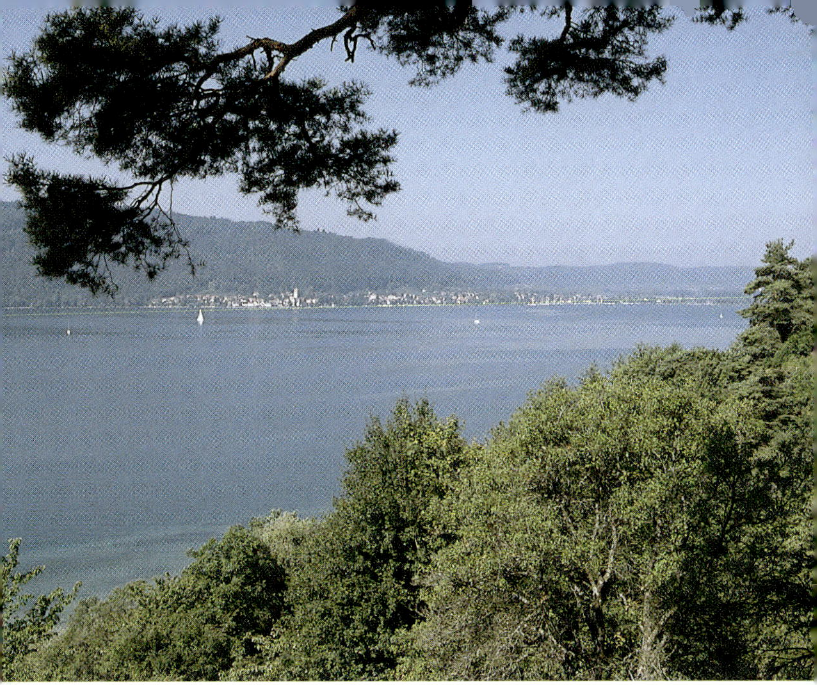

Bucht des Überlinger Sees bei Ludwigshafen.

Wir gehen am Bahnhof in **Ludwigshafen** ❶, dem früheren Sernatingen, ostwärts. Die Sernatingenstraße leitet zur Ortsmitte, wo wir die Espasinger Route wählen. Bei der schmucken Friedhofskapelle geht es in die Kronbühlstraße. Auf einem mit *gelber Raute* markierten Waldpfad gewinnen wir, zum Teil im Zickzack, über Stufen eine Anhöhe, 510 m, mit ansprechendem Seeblick. Nach einem flachen Wirtschaftsweg entlang einer Apfelplantage nimmt uns im Wald erneut ein vergnüglicher, zu aller Freude eine halbe Ewigkeit dauernder Pfad auf, der den **Römerbrunnen** ❷, 520 m, passiert.
Auf einem Forstweg an einer Autobahnbrücke vorbeispazierend erreicht man bald die **Blaue-Tafel-Hütte** ❸, 520 m, deren Name sich auf das über dem Eingang angebrachte Marienbildnis bezieht. Längst ist der Verkehrslärm wieder verklungen. Dem Wegweiser »Espasingen« folgend wird die tiefe Waldesruhe weiterhin aufrechterhalten.
Es folgt ein Gefälle, dann geht es oberhalb von Espasingen Richtung Ludwigshafen über eine Kuppe zum Hof **Spittelsberg** ❹, 480 m. Dort begeben wir uns bergauf zur Einmündung in die Startetappe an der Apfelplantage. Wenig später findet man sich wieder in **Ludwigshafen** ❶ ein.

TOP

15

↗ 260 m | ↘ 260 m | 8.8 km

Sipplingen – Gletschermühle

2.50 h

Ein Relikt aus der Eiszeit hoch auf fesselndem Felsenufer

Ein ausgefallenes Bodensee-Wandervergnügen führt von Sipplingen in eine faszinierende Steiluferlandschaft mit südländischer Ausstrahlung. In dieser Welt der lotrechten Dimensionen entdeckt man bei Hödingen die riesig klaffende Gletschermühle, eines der bedeutendsten geologischen Denkmale am Schwäbischen Meer. Der richtige Ausdruck für den wohl während der letzten Eiszeit von Silvrettagraniten ausgewaschenen Felskessel wäre eigentlich Gletschertopf, da die aktiven Gletschermühlen nur im Eisstrom selbst vorkommen.

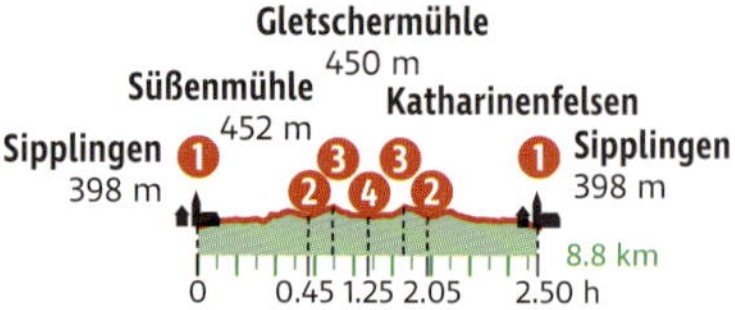

Ausgangspunkt: Bahnhof von Sipplingen, 398 m; Parkplatz am westlichen Ortsrand. An der Zugstrecke Radolfzell – Überlingen.
Anforderungen: Hervorragend bezeichnete Pfade, kurze stille Sträßchen und Wirtschaftswege. Lediglich leichte Steigungen.
Einkehrmöglichkeit: Mit kleinem Abstecher in Hödingen.

Sandsteinaushöhlung in der Gletschermühle.

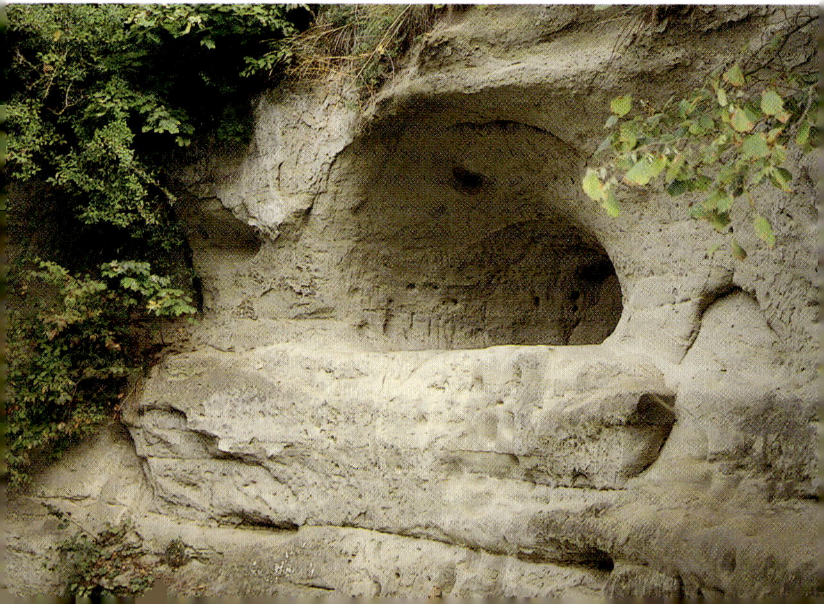

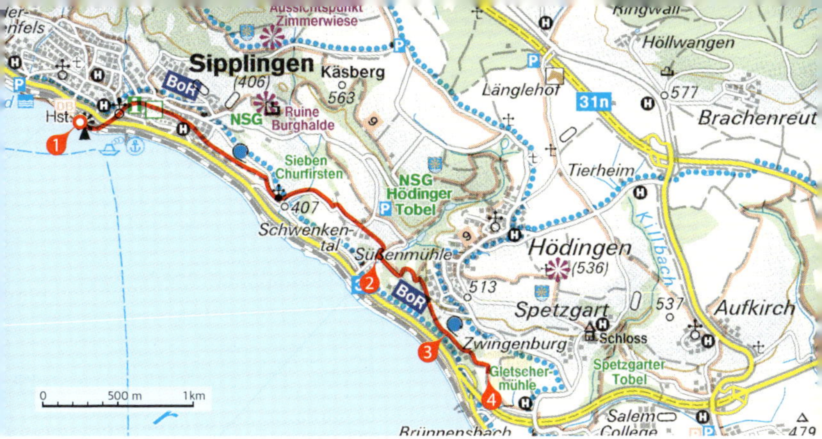

Die Fußgängerunterführung bringt uns beim Bahnhof in **Sipplingen** ❶ zur historischen Ortsmitte. Dort empfängt uns ein gelungen restauriertes Fachwerk-Ambiente. Kurz danach gelangen wir über Steintreppen bergauf zum sogenannten Seeblick. Am besonders beachtenswerten Bruderschaftshaus aus dem Jahr 1630 richten wir uns nach dem Wegweiser »Süßenmühle«. Der *blaue Punkt* des Bodensee-Rundwegs erleichtert auf Dorfgassen und Wanderwegen die Orientierung.

Der nun ansetzende reizvolle Pfad weckt endgültig den Frohsinn eines jeden Wanderers. Oberhalb von Streuobstwiesen bummelt man über einen bescheidenen, aber erstaunlich aussichtsreichen Höhenzug. Nach kurzem Straßengefälle steigt eine wieder verkehrsfreie Route zum Weiler **Süßenmühle** ❷, 452 m, an, dann leitet erneut ein Pfad talwärts Richtung Gletschermühle.

Ein letzter Anstieg, erst auf einem Sträßchen, später auf einem Waldpfad, verläuft an einer kleinen Sandsteinwand vorbei zur Kante der jäh abbrechenden **Katharinenfelsen** ❸, 598 m, nahe Hödingen. Beim Bau von Straße und Eisenbahn musste dieses ursprünglich direkt vom See aufragende Kliff künstlich zurückweichen. Eine abschließende Höhenbummelei, zwischendurch auf einem Wirtschaftsweg, bringt uns zu dem von Schwarzpappeln eingerahmten Naturdenkmal **Gletschermühle** ❹, 450 m. Als Rückweg nach **Sipplingen** ❶ bietet sich keine gleichrangige Alternative.

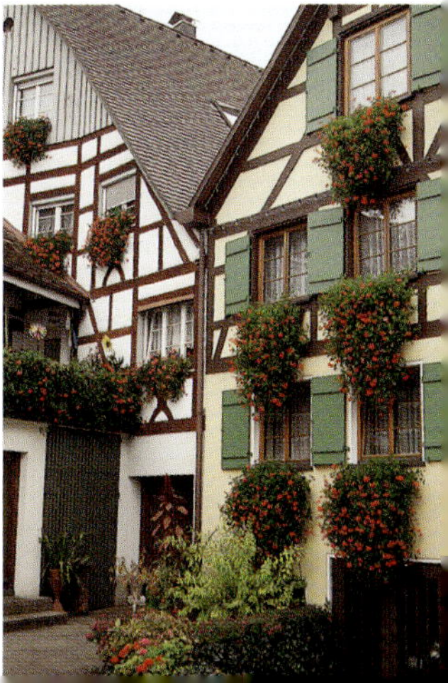

Schmuckes Ambiente: der Sipplinger Ortskern.

↗ 180 m | ↘ 180 m | 8.5 km

16 Bonndorf – Walpertsweiler – Unterlaubegg

2.15 h

Hügelige Spazierrunde im Überlinger Hinterland

Fast bis nach Stockach reichen die Grenzen des Stadtgebietes von Überlingen. Hier am Westrand des Linzgaus lassen sich für Wanderfreunde der »leichten Muße« zufriedenstellende und beispielhaft ausgeschilderte Spaziergänge durchführen: durch sonnige Wiesenauen, beruhigende Waldflecken und abgelegene Weiler oder entlang an liebenswerten Bachläufen wie etwa am Rickenbach bei Bonndorf.

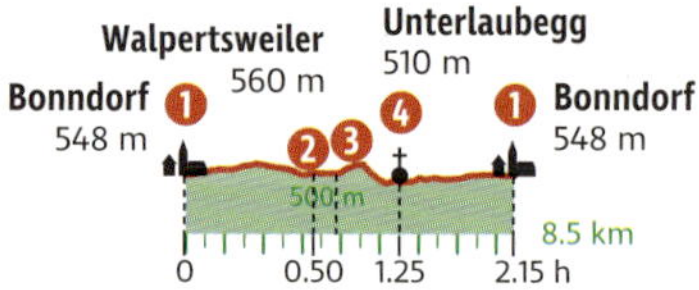

Ausgangspunkt: Bushaltestelle an der Kirche im Überlinger Stadtteil Bonndorf, 548 m; Parkplatz. Bus von Überlingen.
Anforderungen: Vorbildlich bezeichnete Forst- und Wirtschaftswege, nur kurze verkehrsarme Straßenabschnitte und ein kleines Pfadstück. Leichte Steigungen.

Der idyllische Rickenbach begleitet die Bonndorfer Genießertour nach Unterlaubegg.

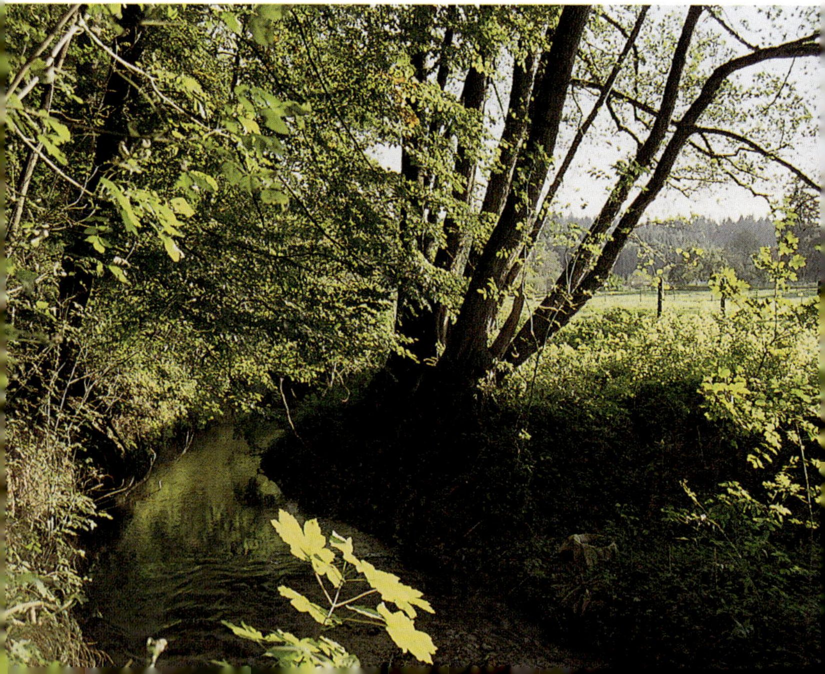

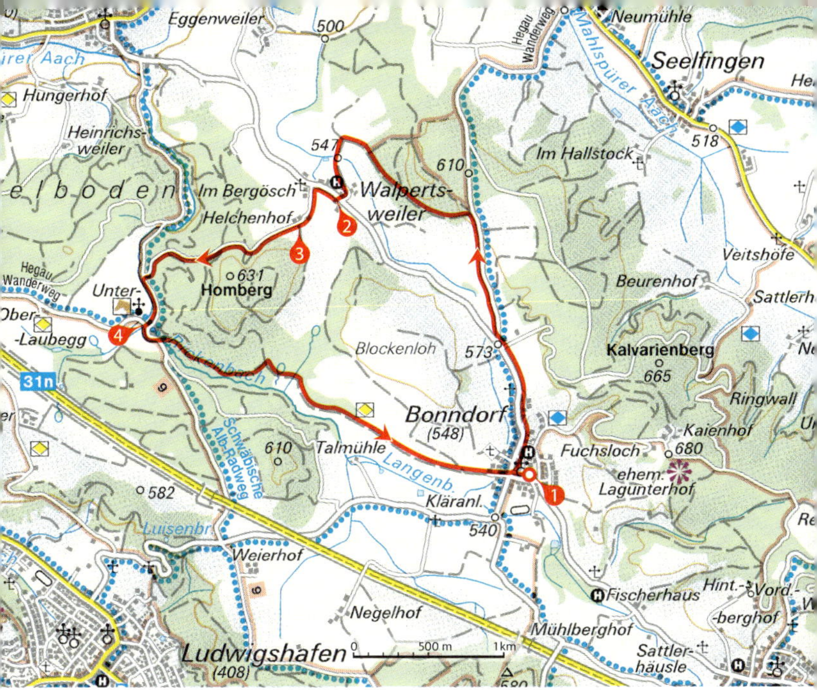

Am Gasthaus Adler, nahe der Kirche im hübschen Dörfchen **Bonndorf ❶**, folgen wir der verkehrsarmen Kreisstraße leicht bergan Richtung Stockach. Ein Stück hinter dem Ortsende zweigen wir auf ein kaum befahrenes, über Felder führendes Sträßchen ab und am Waldbeginn auf einen sanft zu den Häusern von **Walpertsweiler ❷**, 560 m, fallenden Forstweg.

Wieder auf die Kreisstraße stoßend, lenkt ein Wanderwegtäfelchen zum **Helchenhof ❸**, wo – anfangs steigend – ebenfalls ein Forstweg beginnt. Es ist dies der mit *gelber Raute* bezeichnete, geruhsame alte Postweg, der an der Nordseite des vollständig bewaldeten Hombergs entlangführt. Nach einem Gefällstück weist die Beschilderung »Laubegg« den weiteren Weg. Ohne jegliche Eile am kleinen, bei Winterspüren in die Mahlspürer Aach mündenden Rickenbach entlangspazierend treffen wir bald im einsamen Weiler **Unterlaubegg ❹**, 510 m, ein, wo es auch ein Pferdegestüt gibt.

Richtung Bonndorf setzt man den Entspannungskurs fort, der sogleich erneut im Wald untertaucht. Zwischendurch auf einem Pfad schlendernd gelangen wir durch ein schmales, ab dem nahen Anwesen Talmühle vom Langenbach entwässertes, nur unmerklich steigendes Wiesental zurück nach **Bonndorf ❶**, das wir zuletzt auf einem Wirtschaftsweg erreichen.

↗ 160 m | ↘ 160 m | 12.7 km

17 Überlingen – Wallfahrtskirche Birnau

3.15 h

Barock- und Rokokokleinod des Bodensees

Von der schmuckreichen früheren Klosterkirche Birnau, nach der Säkularisation kurioserweise eine Zeit lang als Scheune genutzt, hat man eine fabelhafte Aussicht über die zum schlanken Überlinger See hin abfallenden Weinberge gegen den langen Bodanrück und in die glänzende Uhldinger Bucht.

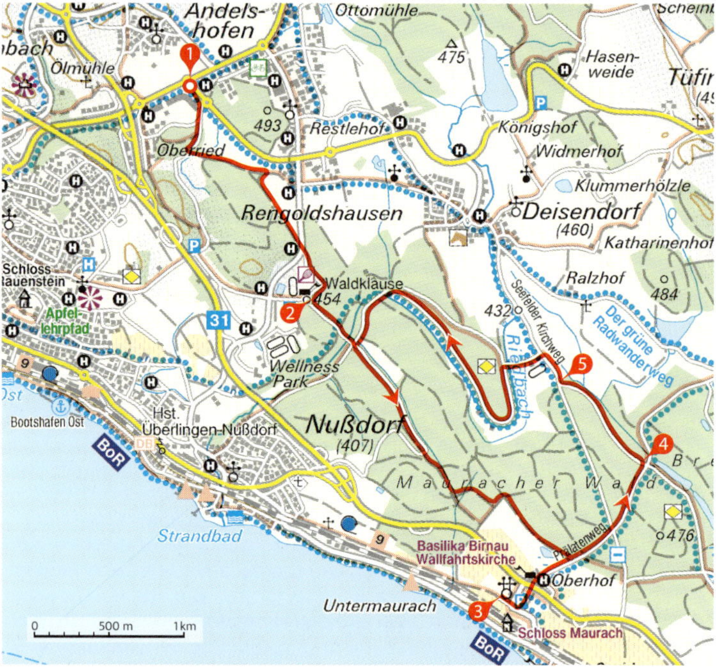

Ausgangspunkt: Bushaltestelle Landungsplatz am Einkaufszentrum des Gewerbegebietes Nord 2 von Überlingen, bei der Ausfahrt »Pfullendorf« der B 31, 473 m; Parkplatz. Bus von Überlingen.

Anforderungen: Bestens bezeichnete Forst- und Wirtschaftswege. Kaum nennenswerte Steigungen.

Einkehrmöglichkeit: Gaststätte Waldklause, Restaurant Birnau.

Wallfahrtskirche Birnau.

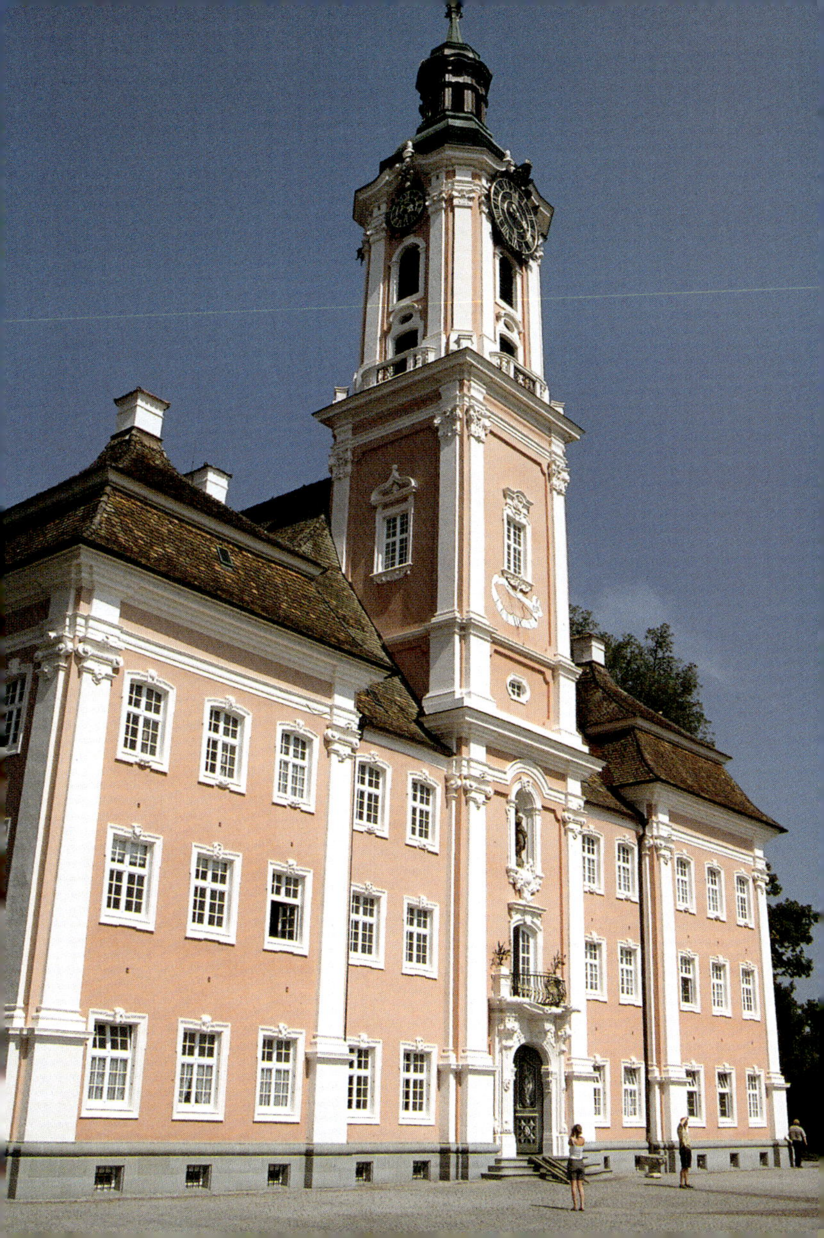

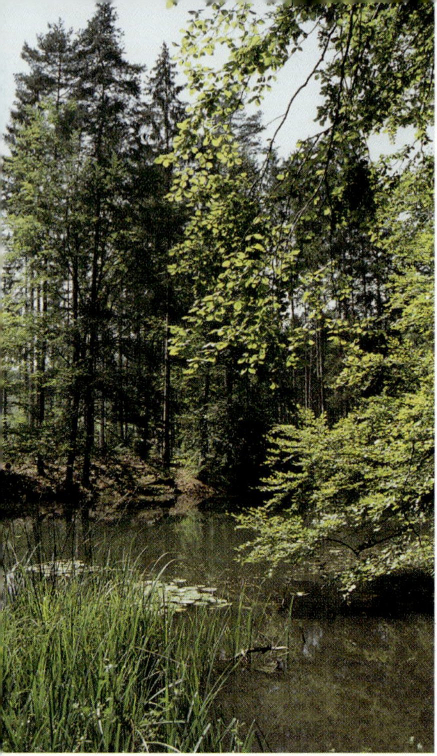

Die erfrischende Nellenfurtsenke.

Am Kreisverkehr beim Einkaufszentrum des Gewerbegebietes Nord in **Überlingen** ❶ gibt das Wanderwegtäfelchen den Kurs an. Kurz danach nehmen wir den flachen Forstweg Richtung Salem und an einer Verzweigung die nach Altbirnau beschilderte Route. Hinter einem Waldwegstück queren wir eine Kreisstraße zur **Gaststätte Waldklause** ❷, 454 m, und nehmen dort den als Erkundungspfad angelegten, fallenden Forstweg Richtung Nellenfurt.

Aus der Senke des Mühlbachs (auch Riedbach) geht es anfangs sanft bergan durch den Mauracher Wald und später auf einem Wirtschaftsweg über das Ackerland zum Hofgut und Restaurant Birnau. Durch eine enge Röhre der B 31 erreicht man die nahe, beherrschend gelegene Wallfahrtskirche **Birnau** ❸, 425 m. Das Barock- und Rokokokleinod des Bodensees enthält besonders prachtvolle Deckengemälde und Stuckverzierungen sowie bemerkenswerte Altäre.

Nachdem wir auf dem geräumigen Vorplatz ein wenig Seestimmung getankt haben, gehen wir zurück zur Verzweigung am Waldrand und folgen dem Forstweg mit baldigem Gefälle zur **Nellenfurt** ❹, 425 m. Dort könnte man noch dem oberen Nellenfurter Weiher einen Besuch abstatten.

Das Schild »Rengoldshausen« weist uns nun durch ein Waldtälchen. Hinter dem Deisendorfer **Sportplatz** ❺ tauchen wir Richtung Girenberg gleich wieder in den Wald ein und wandern, die Tafel »Nußdorf« beachtend, in einer Schleife durch ein schmales Wiesental. Bei der zweiten Querung des Mühlbachs nehmen wir den zu Beginn eingeschlagenen Weg auf, bergan zum Einkaufszentrum von **Überlingen** ❶.

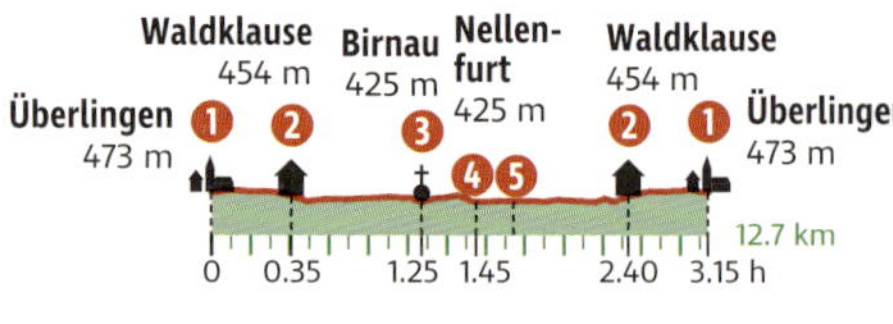

↗ 200 m | ↘ 200 m | 13.3 km

3.40 h

Meersburg – Unteruhldingen – Daisendorf

Dem blauen Punkt nach zurück in die Steinzeit

Dieser gemütliche Abschnitt des Bodensee-Rundwanderwegs hat das älteste archäologische Freilichtmuseum Süddeutschlands zum Ziel. In Unteruhldingen kann sich der Wanderer auf eine anregende Zeitreise begeben. Die größte Pfahlbauten-Rekonstruktion Europas vermittelt das einstige Leben in vier Dorfanlagen aus der Stein- und Bronzezeit. Im modernen Ausstellungsgebäude mit Taucheraquarium und Pfahlbaukino sind Hunderte Originalfunde zu sehen.

Ausgangspunkt: Bushaltestelle an der Kirche von Meersburg (an der Öffnung des Überlinger Sees), 444 m; Parkplatz in der Daisendorfer Straße, nahe dem Restaurant Schützen. Bus von Überlingen oder Friedrichshafen.

Anforderungen: Meist gut bezeichnete Wander-, Forst- und Wirtschaftswege, Pfade und kurze verkehrsarme Sträßchen. Leichte Steigungen.

Einkehrmöglichkeit: Unteruhldingen, Daisendorf.

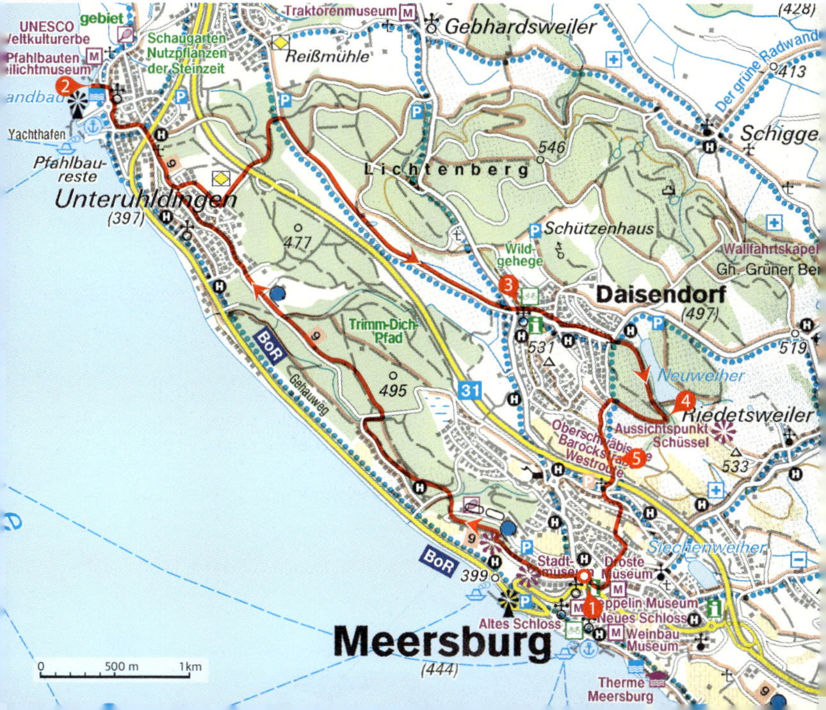

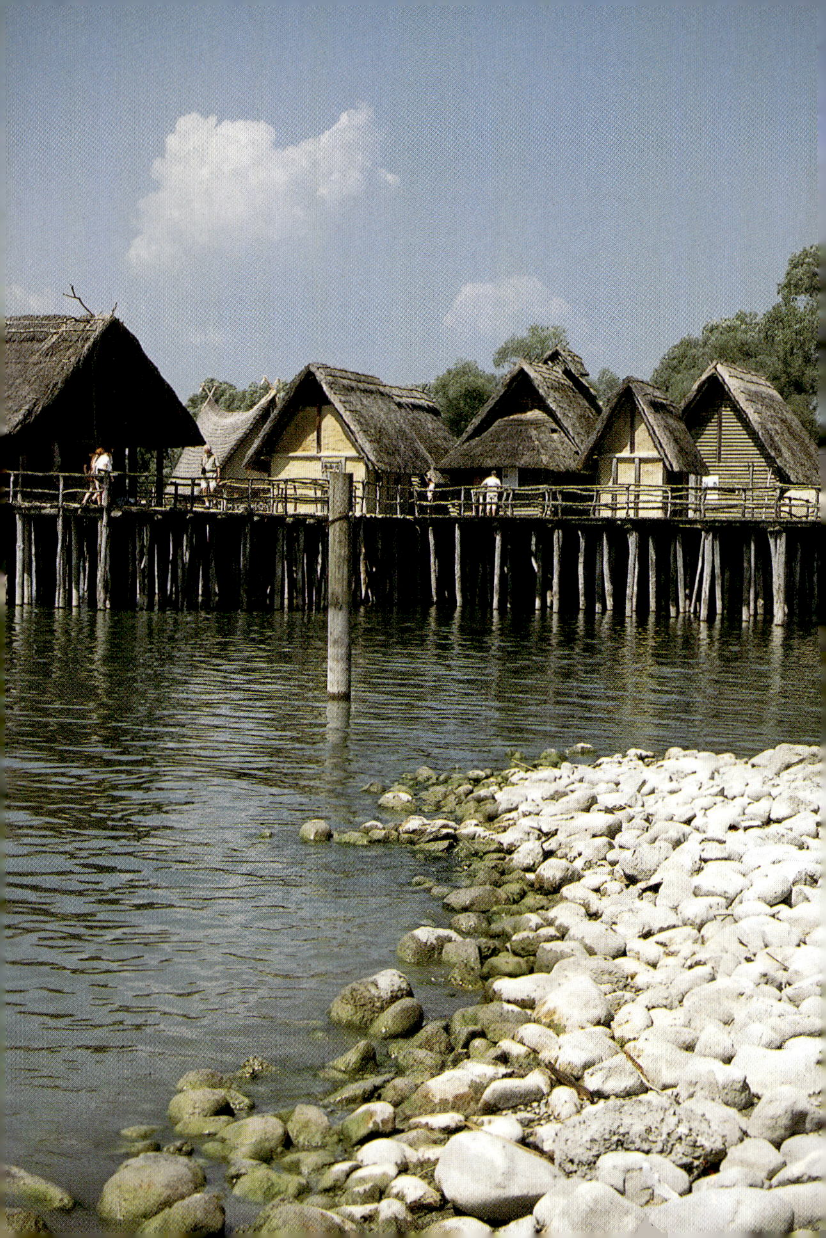

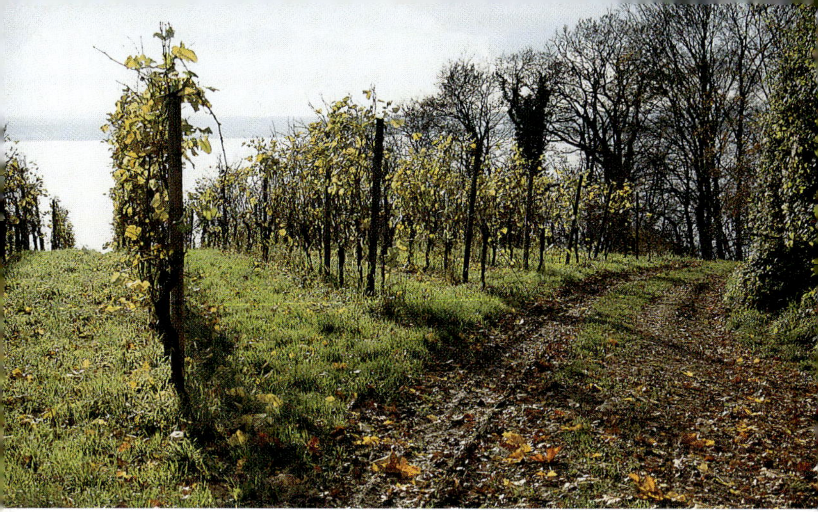

In den sonnenverwöhnten Meersburger Weinbergen.

Der Wanderwegweiser »Unteruhldingen« lenkt bei der Kirche in **Meersburg 1** auf den Bodensee-Rundwanderweg. Oberhalb eines Rebhangs und der Burg beglückt uns gleich zu Beginn eine freie Bergsicht. Zwischendurch ist eine Steintreppe zu nehmen. Nach einem Siedlungssträßchen dirigiert uns der *blaue Punkt* auf einen Waldpfad. Dieser quert einen Tobel mit winziger Sandsteinhöhle und gleich darauf einen Forstweg. Im weiteren Verlauf leitet ein Forstweg an einem Unterstand vorbei und an einer Lichtung nach **Unteruhldingen 2**, 398 m. Kurz nach dem Hafengelände, das man nach einer Reihe von Sandsteinkellern erreicht, kommt man zum Pfahlbaumuseum mit Ausblick zur Insel Mainau.
Zurück am Steigungsende zweigen wir Richtung Daisendorf ab. Am Ortsrand nimmt uns ein Forstweg auf. Hinter der Unterführung der B 31 geht es erst leicht bergan, dann über Wiesen und Äcker, einen Teich passierend, nach **Daisendorf 3**, 497 m. Wir folgen der Ortsstraße und gelangen ab den letzten Häusern auf einem Wanderweg zum länglichen **Neuweiher 4**, 518 m. Nun bringt uns ein Forstweg, an einem Unterstand rechts haltend, nach **Ergeten 5**, 500 m. Die *gelbe Raute* leitet zuletzt über eine Weinbergtreppe hinunter nach **Meersburg 1**.

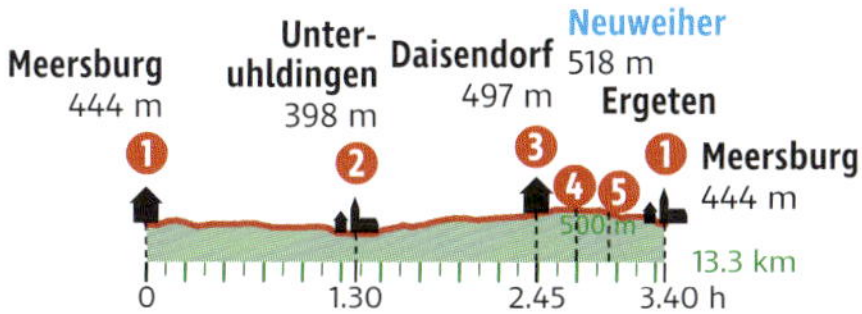

Steinzeitausflug: Pfahlbau-Freilichtmuseum Unteruhldingen.

↗ 170 m | ↘ 170 m | 9.8 km

19 Meersburg – Baitenhausen

2.30 h

Spritztour über bäuerliche Flur

Unmittelbar am Stadtrand von Meersburg beginnt das kaum besiedelte, sanft gewellte Bauernland um den eingemeindeten kleinen Doppelort Baitenhausen-Schiggendorf und ein paar verstreute Weiler. Wer sich nicht zu viel zumuten möchte, ist mit dieser gefälligen Spritztour, die mit belebenden weiten Blicken auf Wasser und Gebirge belohnt, bestens bedient.

Ausgangspunkt: Bushaltestelle an der Kirche von Meersburg, 444 m; Parkplatz in der Daisendorfer Straße, nahe dem Restaurant Schützen. Bus von Überlingen oder Friedrichshafen.
Anforderungen: Bestens bezeichnete Forst-, Wirtschafts- und Fußgängerwege, kurzer undeutlicher Feldweg, anfangs verkehrsarmes Sträßchen. Leichte Steigungen.
Einkehrmöglichkeit: Wallfahrtskirche Baitenhausen.

Wir halten uns bei der Kirche in **Meersburg** ❶ Richtung »Lindau« und beachten an der Fußgängerunterführung beim Obertor und am Friedhof den Wegweiser »Stetten«. Ab dem Siechenweiher wählen wir die nach Breitenbach beschilderte Route zum Ortsteil **Roggele** ❷, 477 m. Nach dem

Am Stadtrand stößt man auf den Siechenweiher.

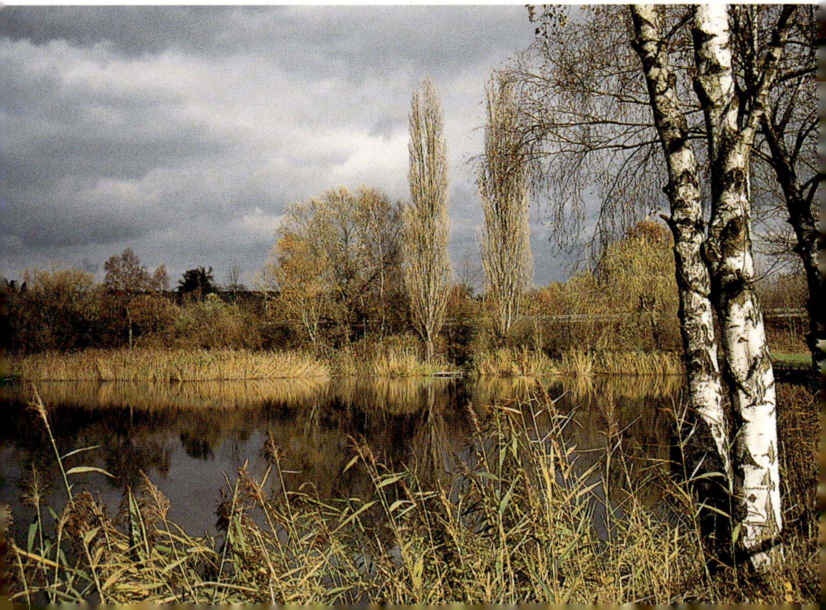

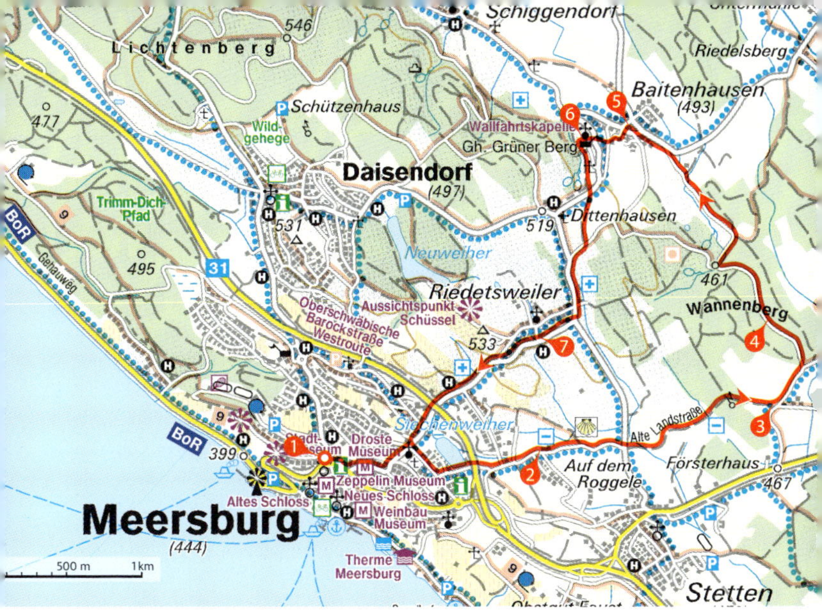

Queren der Kreisstraße von Stetten leitet ein am Anfang geteerter Wirtschaftsweg – es ist dies die Alte Landstraße – an Obstwiesen entlang und über eine Waldkuppe zum Weiler **Breitenbach** ❸, 471 m. Es folgt ein kurzes Wirtschaftssträßchen, dann schreiten wir auf einem Forstweg über den wenig ausgeprägten **Wannenberg** ❹ und durch ein Wiesental dem abgerückten, sauberen Stadtteil **Baitenhausen** ❺, 448 m, entgegen. Dort weist das Wanderwegschild zur hoch thronenden **Wallfahrtskirche** ❻, 500 m, die man zuletzt auf Steintreppen erreicht. Anmutig ist der Ausblick zum Gehrenberg und übers Schussental zur Alpenkette.

Nach einer möglichen Einkehr gleich neben dem Gotteshaus folgt man dem Zufahrtssträßchen und biegt von diesem auf den Wirtschaftsweg Richtung Riedetsweiler ab. Nach dem Kreuzen der Kreisstraße wandert man auf einem undeutlichen, mit *blauem Kreuz* markierten Feldweg zu einer Kuppe mit Obstanbau. Von **Riedetsweiler** ❼, 510 m, bummelt man schließlich, ein vorzügliches Bergpanorama und die blanke Öffnung des Überlinger Sees vor Augen, auf einem Fußgängerweg hinunter zum Ausgangspunkt an der Kirche von **Meersburg** ❶.

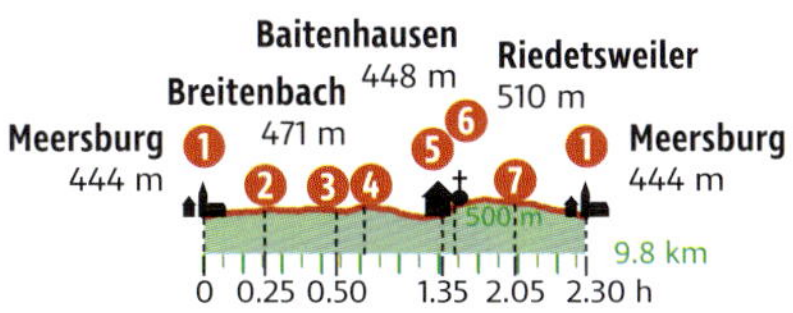

TOP

↗ 140 m | ↘ 140 m | 12.8 km

20 Hagnau – Frenkenbach – Kippenhausen – Kippenhorn

3.40 h

Obstwiesen, Weinberge und paradiesische Buchten

Auf dem Rückweg von dieser bequemen Obstwiesen-Wanderung nach Kippenhorn bezaubert ein unmittelbares Bodensee-Erlebnis mit beseligenden Buchten. Versteckte Ruheplätzchen direkt am Wasser wie auf diesem Abschnitt des Seerundwegs findet man nicht alle Tage.

Ausgangspunkt: Bushaltestelle am Hotel-Restaurant Drei König in Hagnau, 425 m; Parkplatz Richtung Meersburg. Bus von Friedrichshafen.
Anforderungen: Gut bezeichnete Wirtschafts-, Fußgänger- und Wanderwege, Anliegersträßchen. Leichte Steigung.
Einkehrmöglichkeit: Kippenhausen, Kippenhorn, Hafencafé Schloss Kirchberg.

Wir spazieren vom Hotel-Restaurant Drei König in **Hagnau** ❶ die Dr.-Fritz-Zimmermann-Straße bergab und folgen der aussichtsreichen Strandpromenade Richtung Meersburg. Nach der Mühlbachbrücke (mit verlockendem Badeplatz) bringt uns ein Anliegersträßchen bergauf zum Ortsteil **Harlachen** ❷, 430 m, rechts durch die Bundesstraßen-Unterführung und an einem Rebhang weiter bergan zum Weingarten-Wald. Auf später geteertem Wirtschaftsweg wandern wir am Waldrand entlang und erreichen, die Kreisstraße von Hagnau kreuzend, den mit Obstanbau umgebenen Haldenhof.

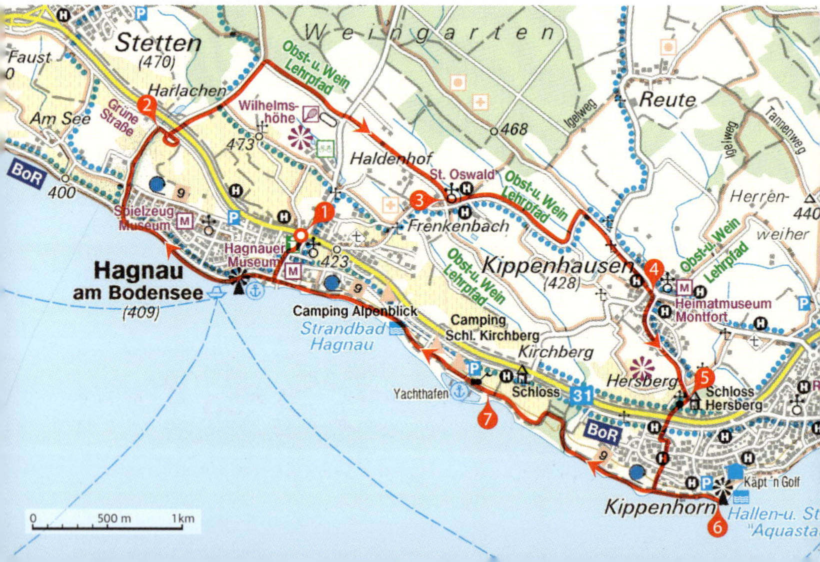

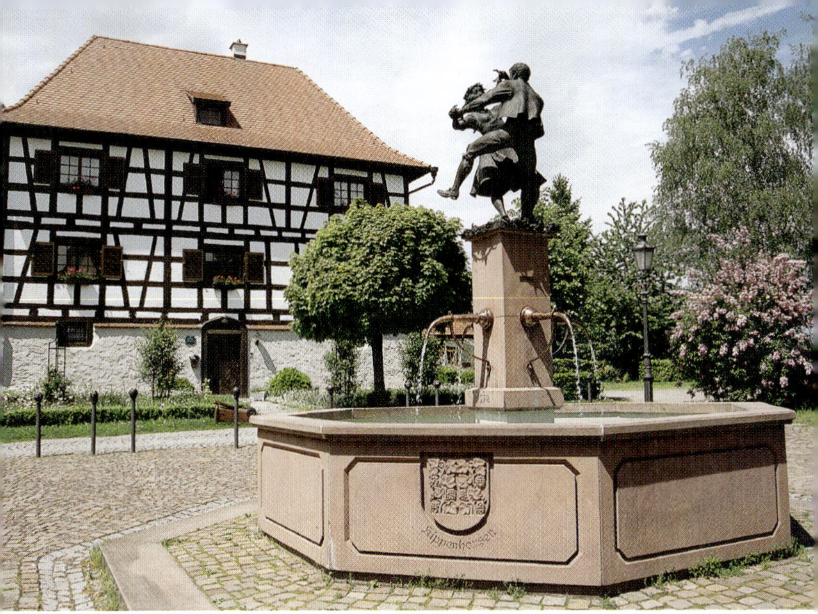

Auf zum Tanz in Kippenhausen.

In **Frenkenbach** 3, 448 m, mit alter Steinkirche richtet man sich nach dem Schild »Weingarten« und nimmt hinter dem Ort den Apfelweg abwärts nach **Kippenhausen** 4, 428 m. Dabei schweift das Auge, wenn wir zwischen Niederstammkulturen bummeln, über die silbrig schillernde Seeweite in die Appenzeller Berge. Bei der Kirche zweigt man zum **Schloss Hersberg** 5 ab, geht dort unter der B 31 hindurch und auf dem mit *gelber Raute* bezeichneten Fußgängerweg zum Strand-Hallenbad Aquastaad mit Einkehrmöglichkeit in **Kippenhorn** 6, 398 m.
Wir gehen nun ein kurzes Stück zurück und folgen dem im Bereich der Weinberge als Lehrwanderweg angelegten Bodensee-Rundwanderweg Richtung Hagnau. Wer Schatten sucht, den laden am idyllischen Ufer immer wieder mächtige Baumgreise zum Ausspannen ein. Nach einer kurzen Verschmälerung über die Mühlbachbrücke geht es am **Jachthafen** 7 mit dem Hafencafé Schloss Kirchberg und einem Strand sowie an drei Campingplätzen vorbei, zuletzt auf einer Uferpromenade zurück zum Ausgangspunkt in **Hagnau** 1.

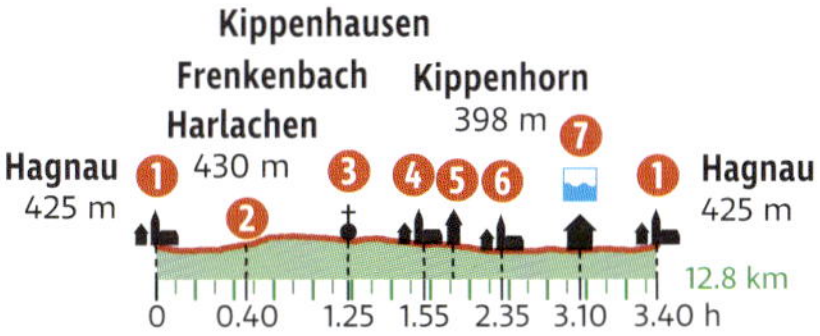

↗ 70 m | ↘ 70 m | 13.1 km

3.40 h

21 Immenstaad – Kluftern

Flachlandwanderung zwischen Immenstaad und Markdorf

Verkehr und Industrie haben das Bodenseeufer zwischen Friedrichshafen-West und Immenstaad zum Teil fest im Griff. Umso mehr fällt die vollkommene Ruhe des ebenen Wald- und Wiesenmosaiks auf, das sich auf Markdorf zu ausbreitet.

Ausgangspunkt: Bushaltestelle »Rathaus« in Immenstaad, 405 m; Parkplatz. Bus von Friedrichshafen.
Anforderungen: Größtenteils beschilderte und markierte Fußgänger-, Wirtschafts- und Forstwege, ruhige Sträßchen und kurze Pfade. Keine erwähnenswerte Steigungen.
Einkehrmöglichkeit: Camping Schloss Helmsdorf, Kluftern.

Wir gehen bei der Bushaltestelle »Rathaus« in **Immenstaad** ❶ bergab zum Landesteg. Nach dem Bewundern des weit gespannten Bergpanoramas wenden wir uns kurz zurück und haben es auf dem Uferweg, Teil des Bodensee-Rundwegs, an kleinen Grünanlagen vorbei nicht weit zum **Camping Schloss Helmsdorf** ❷.

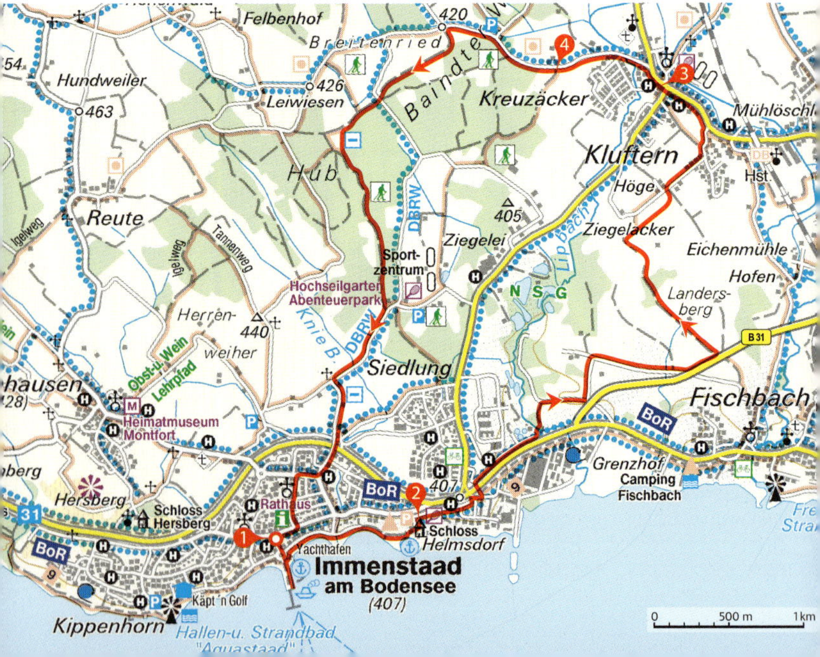

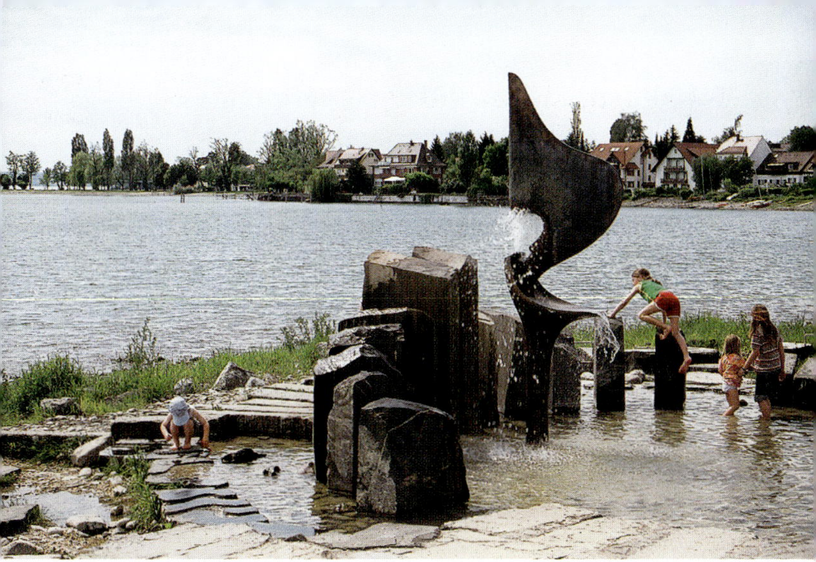

Schiffslände Immenstaad.

Dort orientieren wir uns am Wegweiser »Fischbach« und begeben uns am Dornier-Werk auf dem Radweg durch die Unterführung. Nun müssen wir leider ein Stück die parallel verlaufende, stark befahrene B 31 erdulden. Am Ende der Kläranlage nehmen wir die Lipbachbrücke und folgen am Beginn der Friedrichshafener Umgehungsstraße dem links abgehenden Wirtschaftssträßchen in einem Rechtsbogen. An einer Umgehungsstraßen-Überführung zweigen wir links ab. Nach einem Waldwegstück wandern wir auf einem Wiesenpfad dem Friedrichshafener Stadtteil **Kluftern** ❸, 429 m, entgegen.

Dort geht man links und schlägt in der Ortsmitte die bald mit *rotem Punkt* ausgewiesene Route Richtung Immenstaad ein. Ein Wirtschaftssträßchen passiert den Einödhof **Kreuzäcker** ❹. An der Kreuzung hinter dem Baindter Wald bleiben wir, jetzt auf einem mit *gelber Raute* markierten Wirtschaftsweg, weiterhin dem Immenstaader Kurs treu. Nach einer Straßenquerung schaltet sich ein kurzer Waldpfad ein, dann führt ein Forstweg (*blauer Balken*), gleichzeitig Waldsportpfad, zum Abenteuerpark. Auf einem Anliegersträßchen gelangen wir zurück zu unserem Ausgangspunkt in **Immenstaad** ❶.

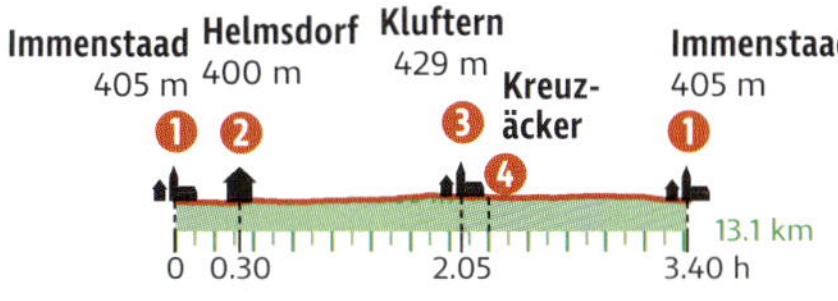

↗ 140 m | ↘ 140 m | 16.5 km

22 Schnetzenhausen – Berg – Bergheim

4.00 h

Von Weiler zu Weiler

Die meist in Scharen auftretenden und dann stets allesamt in derselben Himmelsrichtung angeordneten Drumlins verleihen dem Friedrichshafer Hinterland ein amüsantes Erscheinungsbild. Kurzweilig ist es, zwischen diesen, umgekippten Kähnen ähnelnden, Ovalhügeln, Relikten aus der letzten Eiszeit, zu wandern und die heitere Ausstrahlung des fruchtbaren Moränenlandes auf sich wirken zu lassen: von Weiler zu Weiler.

Ausgangspunkt: Bushaltestelle an der Kirche im Friedrichshafener Stadtteil Schnetzenhausen, 433 m; Parkplatz. Bus von Friedrichshafen.

Anforderungen: Meist bezeichnete Wirtschafts- und Forstwege, verkehrsfreie Sträßchen. Geringe Steigungen.

Einkehrmöglichkeit: Raderach.

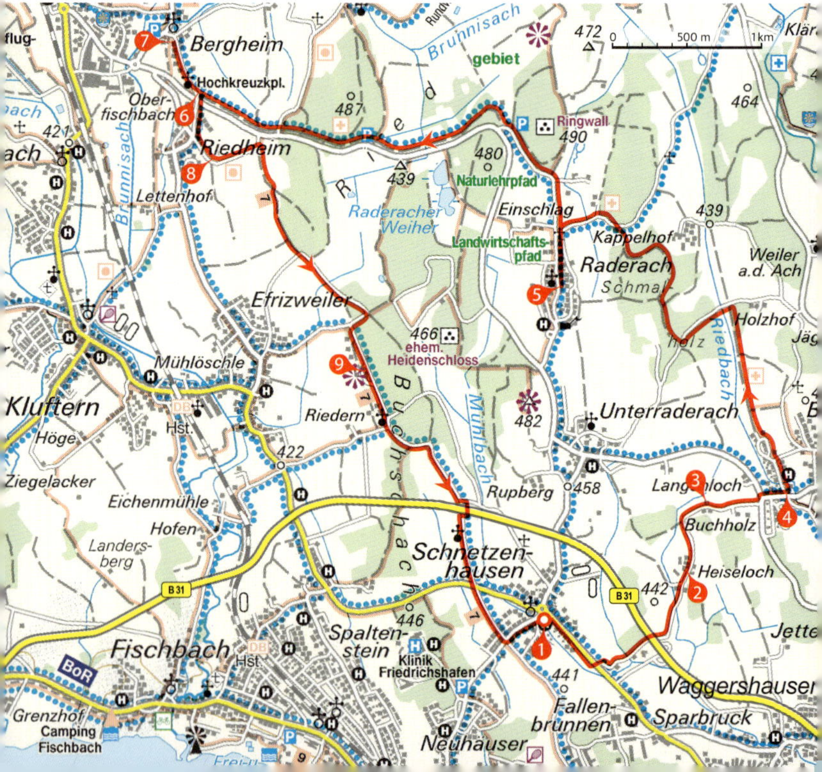

Wir nehmen in **Schnetzenhausen** 1 bei der Kirche mit ihrer bemerkenswerten Sonnenuhr die Untere Mühlbachstraße. Nach dem Ortsende queren wir vorsichtig die Landstraße und wandern auf einem Anliegersträßchen über die Brücke der Friedrichshafener Umgehungsstraße und die kleine Ansiedlung **Heiseloch** 2, 430 m, zu den benachbarten Häusern von **Buchholz** 3, 437 m.

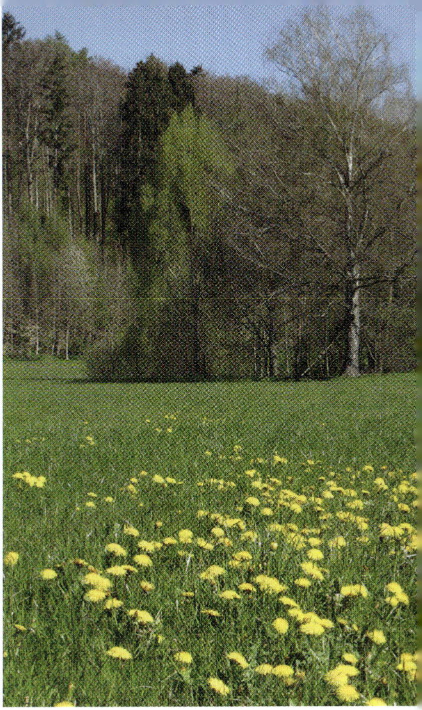

Frühling bei Raderach.

Gleich im unteren Ortsteil von **Berg** 4, 435 m, entscheiden wir uns für den Wirtschaftsweg Richtung Weiler. Der links nach Raderach verlaufenden Straße über den Riedbach folgend, lenkt das Wanderwegtäfelchen auf einen mit dem *roten Kreuz* markierten, zwischendurch kurz steigenden Forstweg, der zu dem auf einem Drumlin angesiedelten Stadtteil **Raderach** 5, 475 m, führt. Nun geht es auf einer ruhigen Straße Richtung Riedheim an einem Rastplatz vorbei und auf einem Wirtschaftssträßchen neben der Kreisstraße von Unterraderach bald sanft bergan zur **Hochkreuzkapelle** 6, 460 m. Gleich darauf ist die schöne Staffelgiebelkirche des Markdorfer Stadtteils **Bergheim** 7, 448 m, erreicht.

Wir spazieren zurück zur **Hochkreuzkapelle** 6 und weiter nach **Riedheim** 8, 440 m, – ebenfalls zu Markdorf gehörend –, wo wir links den mit *rotem Punkt* ausgewiesenen, anfangs asphaltierten Wirtschaftsweg wählen. Kurz bevor wir wieder auf die vorhin berührte Kreisstraße stoßen, leitet uns der HW 7 durch kleine Waldstücke nach **Riedern** 9, 458 m.

Auf einem verkehrsfreien Sträßchen erreichen wir schließlich wieder unseren Ausgangspunkt in **Schnetzenhausen** 1.

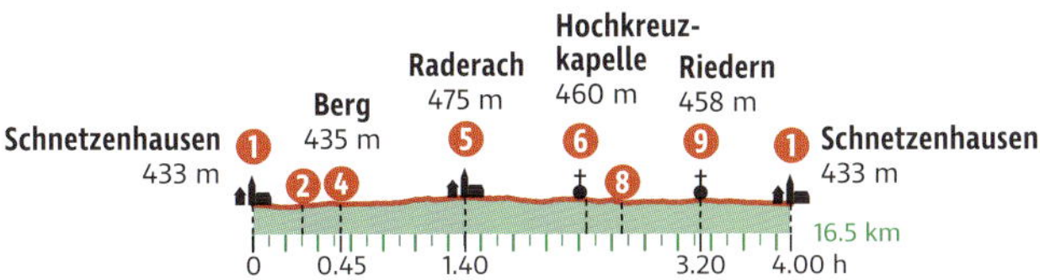

↗ 120 m | ↘ 120 m | 24.5 km

23 Friedrichshafen – Oberbaumgarten – Tettnang

6.30 h

Aus der Zeppelinstadt ins Hopfenland

Bei Friedrichshafen verzeichnet der Obersee etwa seine halbe Länge und die größte Breite. Der Main-Donau-Bodensee-Weg verbindet die größte Industriestadt am Schwäbischen Meer mit der Nachbarstadt Tettnang, wo gleich mehrere Schlösser zu bewundern sind. Auf der fast bis zuletzt steigungsfreien, wegen ihrer Länge jedoch trotzdem sportlichen Route ins Hopfenland kann man mit etwas Glück beobachten, wie sich ein moderne Zeppelin scheinbar schwerelos in die Lüfte erhebt.

Ausgangspunkt: Stadtbahnhof von Friedrichshafen, 400 m; Parkplatz Richtung Jugendherberge. Bahn von Ravensburg.

Anforderungen: Meist gut bezeichnete Fußgänger-, Forst- und Wirtschaftswege, kurze Pfade. Kleiner Anstieg.

Einkehrmöglichkeit: Tettnang.

Die belebte Ufer-Promenade in **Friedrichshafen** ❶ leitet von der Zeppelin-Gedenksäule nahe dem Stadtbahnhof Richtung Tettnang. Am Moleturm vorbei gehen wir zum Hafenbahnhof mit Zeppelinmuseum, einer multimedialen Erzählung lebendiger Geschichte. Die neu konzipierten 4000 Qua-

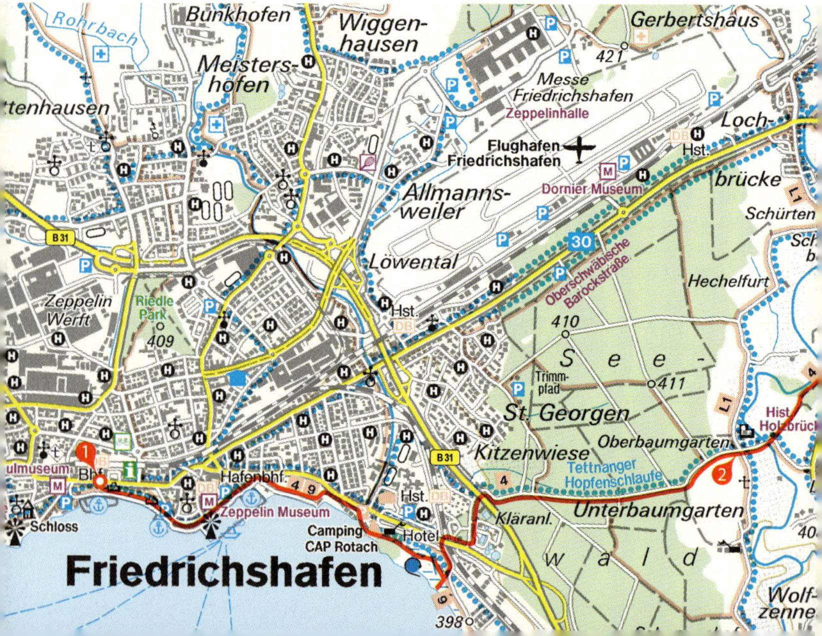

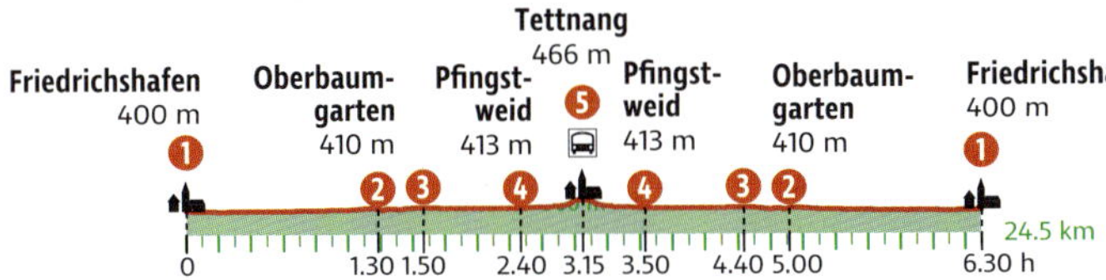

dratmeter Ausstellungsfläche präsentieren seit 2014 die weltweit größte Sammlung der Luftschifffahrt. Auch nach dem Stadtrand bleiben wir mit Aussicht in die Vorarlberger und Schweizer Gipfelwelt dem hier als Naturlehrpfad angelegten Uferweg entlang der ansprechenden Bucht treu.
Wir kommen zum Schilfröhricht des Naturschutzgebietes Eriskircher Ried. Gleich nach dem Überqueren eines im Auwald versteckten Altwasserarms bringt uns ein kurzer Abstecher zu einem Flachwassergürtel, wo sich erneut ein freier Seeblick ergibt. Ab der Einmündung in einen asphaltierten Weg folgen wir dem HW 4. Dieser überquert neben der Landstraße die Bahn, bevor er unter der Landstraße und nach dem Klärwerk zudem unter der Bundesstraße hindurchführt. Anschließend wandert man auf einem Forstweg längere Zeit durch den erholsamen Seewald und gelangt an Hopfenkulturen entlang nach **Oberbaumgarten** 2, 410 m.

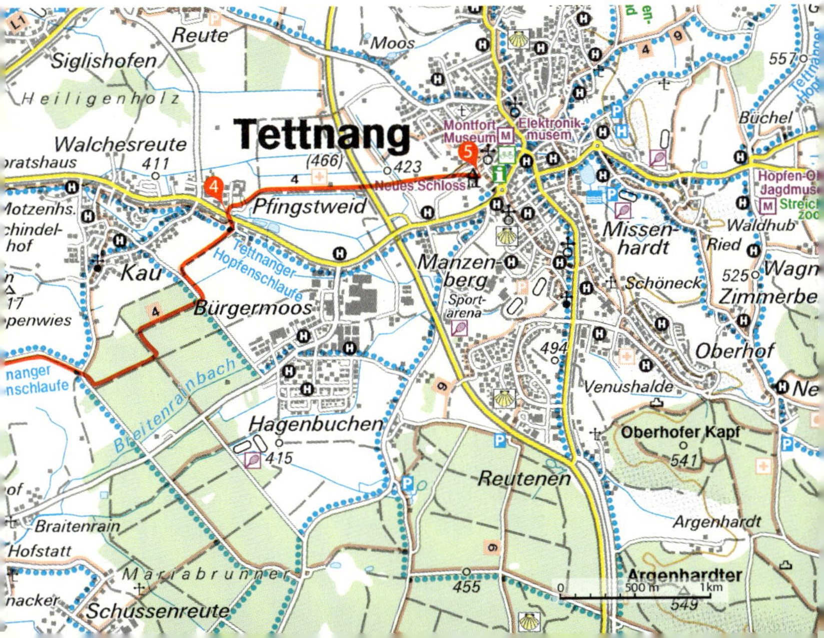

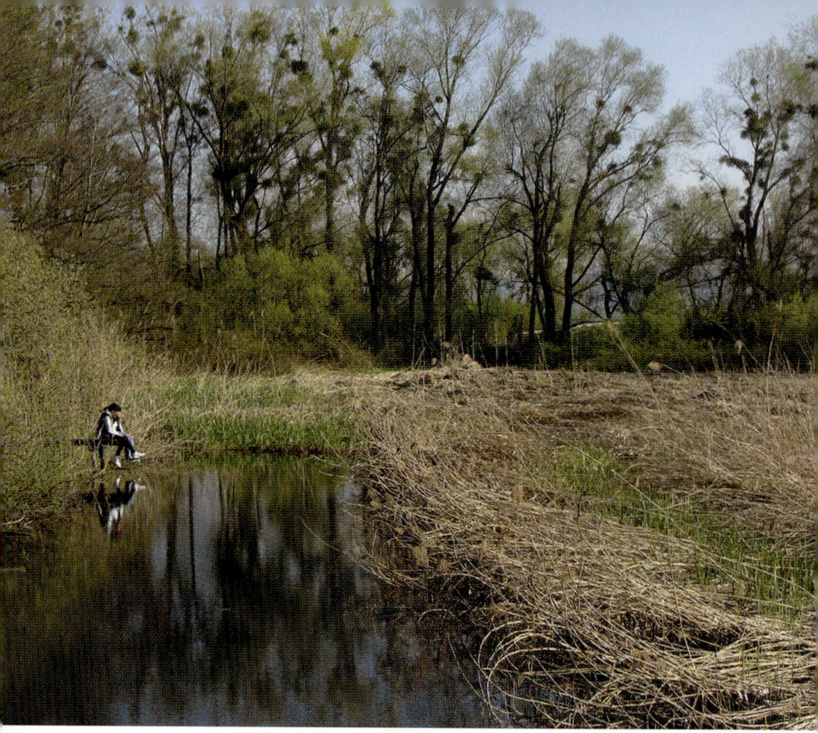

Wilder Auwaldflecken nahe des Bodenseeufers zwischen Friedrichshafen und Eriskirch.

Hinter der historischen Holzbrücke über die von Ravensburg herbeiströmende Schussen leitet ein Feldweg, später ein Waldpfad, einen kleinen Weiher passierend, zum Weiler **Schuppenwies** 3, 417 m. Dort kreuzt man die Kreisstraße von Eriskirch und schreitet nun auf einem Wirtschaftsweg an Niederstammkulturen entlang. Es schaltet sich ein unbedeutendes Straßenstück ein, dann lenkt ein Forstweg zu einer weiteren Straße. In diese links einbiegend, zeigt bald der *rote Balken* auf eine Pfadspur, die zwischen Hopfenfeldern zum Tettnanger Stadtteil **Pfingstweid** 4, 413 m, verläuft. Dort quert man achtsam die Landstraße und wandert wieder auf einem Wirtschaftsweg auf das Neue Schloss von **Tettnang** 5, 466 m, zu. Mit dem Aufstieg zur stolzen Vierflügelanlage, der einstigen Residenz der Grafen von Montfort, erwartet uns der einzige Aufstieg dieser Tour. Ober werden wir im Park von der kuriosen Tettnanger Hopfensau-Parade begrüßt.
Zurück nach **Friedrichshafen** 1 gehen wir auf demselben Weg. Für weniger Trainierte bietet sich auch der Bus an.

↗ 40 m | ↘ 40 m | 12.5 km

3.15 h

Eriskirch – Langenargen – Oberdorf

TOP **24**

Eines der letzten naturnahen Bodenseeufer

Bald nach der Schussenmündung schenken die Seewiesen eine unmittelbare Berührung mit dem Bodensee. Zuvor besuchen wir die Niedermoor-Deltalandschaft Eriskircher Ried. Neben der hier gegen Juni üppig blühenden Iris kommen angeblich mehr als 500 Pflanzenarten sowie bedrohte Tiergattungen vor.

Ausgangspunkt: Bahnhof von Eriskirch, 401 m; Parkplatz. Bahn von Friedrichshafen.
Anforderungen: Meist bezeichnete Wirtschafts- und Forstwege, kurze Pfade und ruhige Straßen. Keine Steigungen.
Einkehrmöglichkeit: Schwedi, Langenargen, Oberdorf.

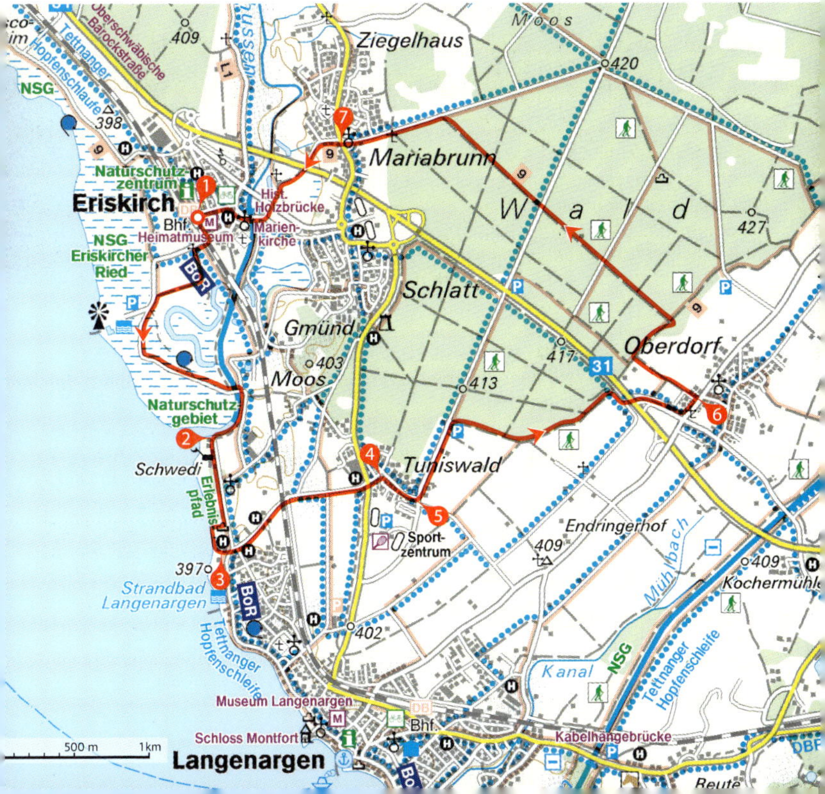

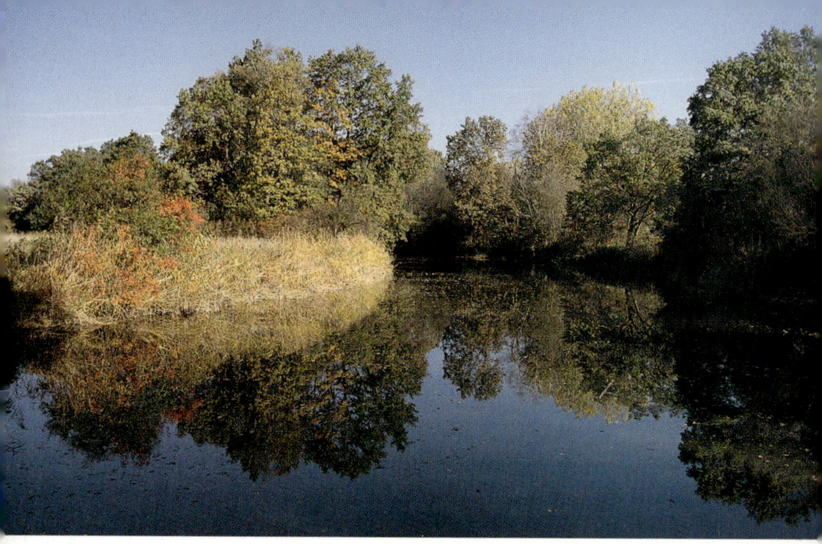

Schussen-Altwasserarm beim Eriskircher Ried.

Wir folgen an der Bahnhaltestelle mit Naturschutzzentrum in **Eriskirch** ❶ dem Fußgängerweg an den Gleisen und schwenken nach dem Bahnübergang direkt an einem Andachtshäuschen links auf den als Lehrpfad angelegten Wirtschaftsweg ab. Dieser bringt uns zwischen Apfelplantagen ins Naturschutzgebiet Eriskircher Ried. An der nächsten Gabelung halten wir uns abermals links. Bald trägt uns die Flussbrücke zu einem Sträßchen, bevor es auf einem Pfad zum Restaurant in **Schwedi** ❷, 398 m, an der Schussenmündung geht. Man benützt nun ein Stück die Straße, bis der Seezugang bei den Seewiesen möglich ist. Diese leiten, gesäumt von wunderlichen Stieleichen, Hainbuchen und Kiefern über die Sandbank des Seehags nach **Langenargen** ❸, 397 m.
Der Mooserweg und nach dem Bahnübergang ein Wirtschaftssträßchen führen zum Ortsteil **Bierkeller** ❹, 406 m. Wir kreuzen die Landstraße in die Tannenstraße und zweigen in die Buchenstraße ab. Von **Tuniswald** ❺, 410 m, ist es nicht weit auf der stillen Straße zum Waldbeginn. Ab dort

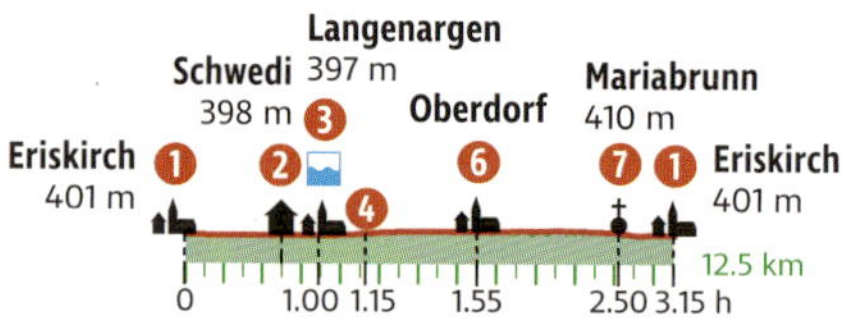

verläuft ein Wirtschaftsweg, später eine Feldwegspur zwischen Wald und Obstanbau nach **Oberdorf** 6, 415 m, das wir nach dem Unterqueren der B 31 erreichen. Wir nehmen den Erlenweg und beachten, geradeaus haltend, die Feldwegbeschilderung »Schussenreute«. Richtung Eriskirch abzweigend, leitet der HW 9 nach kurzem Pfad auf einem Forstweg durch den weiten Tettnanger Wald nach **Mariabrunn** 7, 410 m. Der Wanderwegweiser lenkt schließlich nach **Eriskirch** 1, wobei man über die alte überdachte Holzbrücke kommt.

Sandstrand zwischen Schwedi und Langenargen.

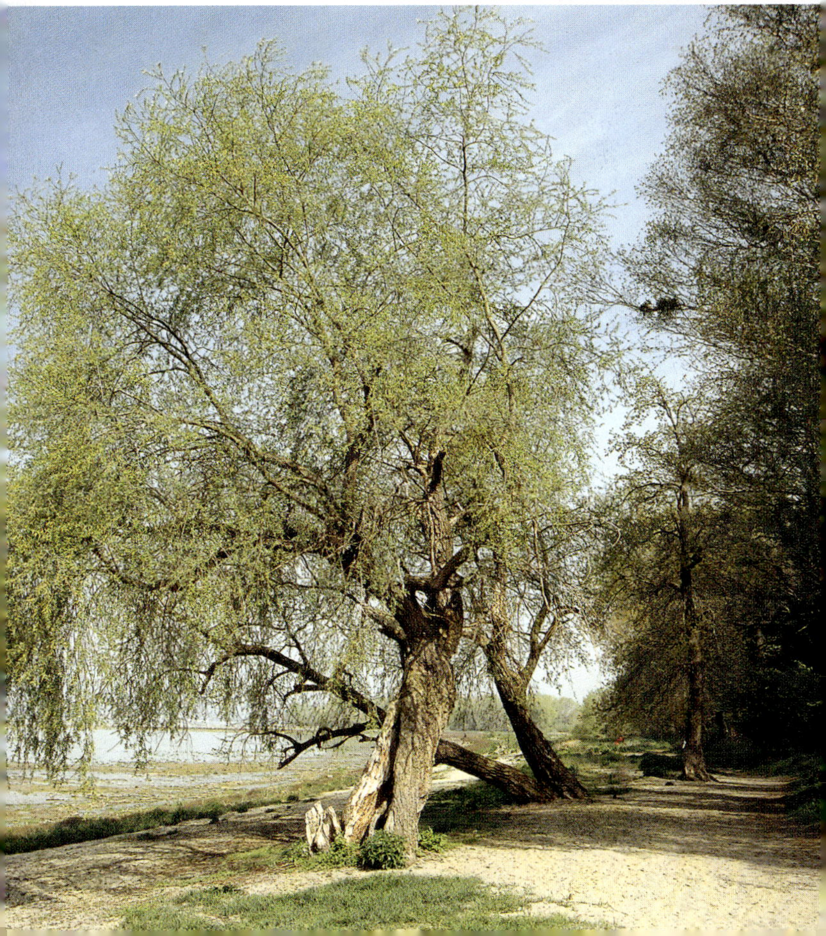

25 Kressbronn – Argenmündung – Gießenbrücke

4.45 h

Durchs geschützte unterste Argental

Von der Mündung bis hinauf zum Schloss Gießen begleiten wir die aus dem Allgäu kommende, wegen ihrer speziellen Pflanzenwelt und geologischen Eigenheiten unter Naturschutz gestellte Argen mit ihrem munteren Wellentanz.

Ausgangspunkt: Bahnhof von Kressbronn, 403 m; Parkplatz. An der Zugstrecke Friedrichshafen – Lindau.
Anforderungen: Ausreichend bezeichnete Fußgänger-, Wirtschafts-, Waldwege, verkehrsarme Sträßchen. Leichte Anstiege.
Einkehrmöglichkeit: Tunau, Schnaidt, Jachthafen an der Argenmündung, Gießenbrücke.

Nach der Bahnunterführung in **Kressbronn** ❶ spazieren wir auf einem Fußgängerweg am Nonnenbach zum Naturstrandbad. Danach leitet der Bodensee-Rundwanderweg am Camping vorbei nach **Tunau** ❷, 399 m, und auf einem Radweg zum Camping Gohren in **Schnaidt** ❸, 398 m. Dort nehmen wir den Fußgängerweg Richtung Langenargen. Ab dem Jachthafen führt ein Wanderweg an der Argenbrücke vorbei und am Fluss zur **Argenmündung** ❹, 395 m. Die Bregenzerwaldberge, die Rätikongipfel und der Säntis bilden die würdige Hintergrundkulisse des bei einer leichten Brise windgekräuselten Obersees.
Zurück an der Brücke folgen wir dem langen Wirtschaftsweg durch den erfrischenden Auwald am östlichen Ufer der hin und wieder imponierend brausenden Argen. Unter der betagten Kabelhängebrücke sowie unter der Bahn, der B 31 und der B 467 hindurch wandert man, später einen Rastplatz passierend, über die Argen zum Ortsteil **Gießenbrücke** ❺, 422 m.
Wieder am südlichen Argenufer wenige Minuten die Kreisstraße Richtung Laimnau nehmend, lenkt der *blaue Punkt* auf den Wirtschaftsweg zum **Schloss Gießen** ❻. Dort schlagen wir den Kurs nach Nonnenhorn ein und zweigen oberhalb einer Kreisstraßensteigung auf den Fahrweg Richtung Atlashofen ab. Kurz hinter einer Anhöhe mit Bodenseeblick geht es nach dem zweiten Gatter auf einem Waldweg bergab (*gelbe Raute*) und ab einer Straßenquerung etwas bergan Richtung Berger Weiher. Nach kleinem

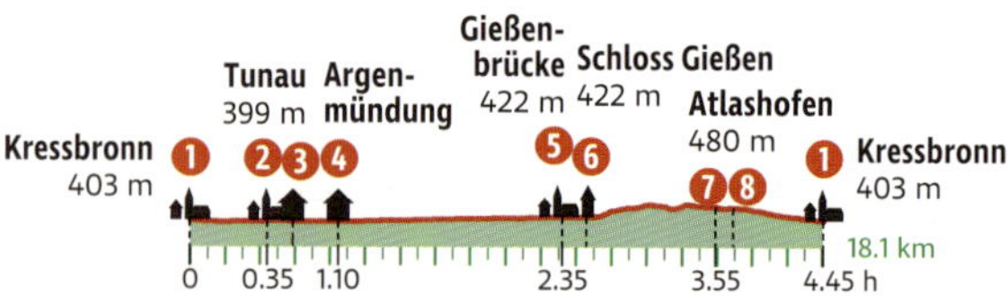

Abstieg folgt man links nochmals einen Moment einer Kreisstraße und über den Betznauer Bach dem mit *blauem Punkt* markierten, abermals steigenden Waldweg nach **Atlashofen** 7, 480 m. Man hält sich jetzt auf verkehrsfreiem Sträßchen unter der B 31 hindurch Richtung Gattnau und kehrt gleich am Beginn des Nachbarortes **Hüttmannsberg** 8, 475 m, über Obstwiesen zurück nach **Kressbronn** 1.

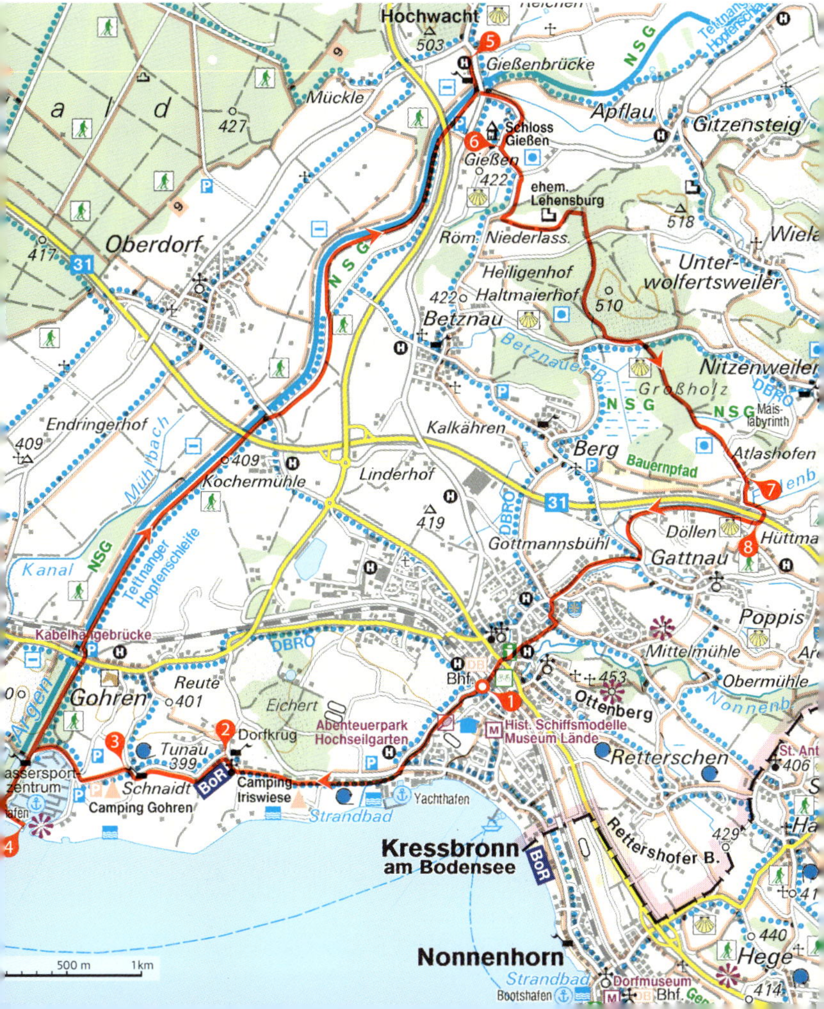

↗ 120 m | ↘ 120 m | 11.5 km

26 Nonnenhorn – Wasserburg – Hengnau

3.30 h

Wasserburger Buchtenromantik

Die vorgeschobene, denkmalgeschützte Wasserburger Landspitze, einstmals Insel, verströmt eine unvergessliche Atmosphäre. Als Rückweg von dieser Perle des bayerischen Bodensees wählen wir eine gepflegte Route durch das beschauliche Hinterland.

Ausgangspunkt: Bahnhof in Nonnenhorn, 405 m; Parkplatz. An der Zugstrecke Friedrichshafen – Lindau.
Anforderungen: Vorwiegend bezeichnete Fußgänger-, Wirtschafts- und Waldwege, ruhige Straßen. Leichte Steigungen.
Einkehrmöglichkeit: In Wasserburg und Hengnau.

Man startet am Bahnhof in **Nonnenhorn** ① auf der Straße »Im Schneckenwinkel« und nimmt am Torkel, einer alten Weinkelter, die Conrad-Forster-Straße. Die Abzweigung des sogenannten Naturwanderwegs zur Uferanlage im Paradies beachtend kommt man an der Fischbrutanlage vorbei. Das aussichtsreiche, in der Tat paradiesische Plätzchen erreicht man auf einem Fußgängerweg-Abstecher. Hinter der Wasserburger Halbinsel breiten sich die Bregenzerwaldberge und Rätikongipfel aus.
Wir folgen weiter dem Fußgängerweg, bis wir rechts in die Wasserburger Straße einschwenken können. Der Spazierweg zur Schiffsanlegestelle von **Wasserburg** ②, 398 m, durchquert erst den Malerwinkel, einen kleinen Park, und berührt in der Wasserburger Bucht ein Naturschutzgebiet. Auf

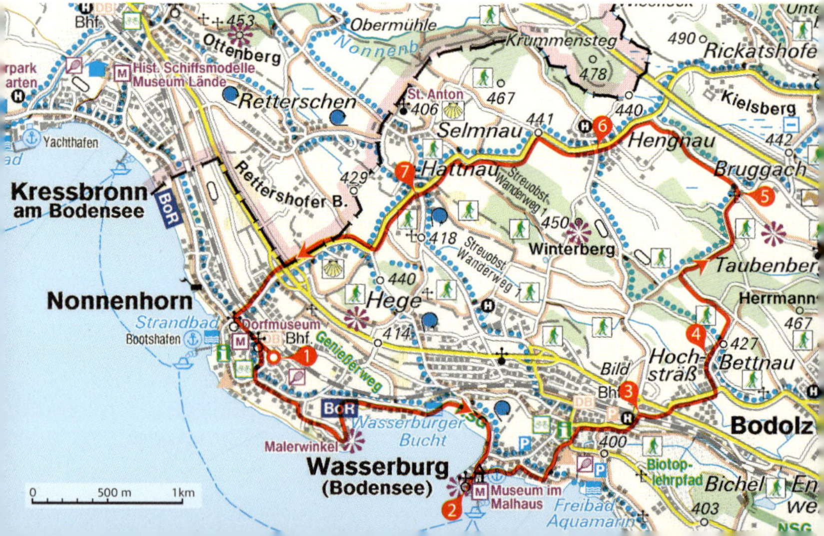

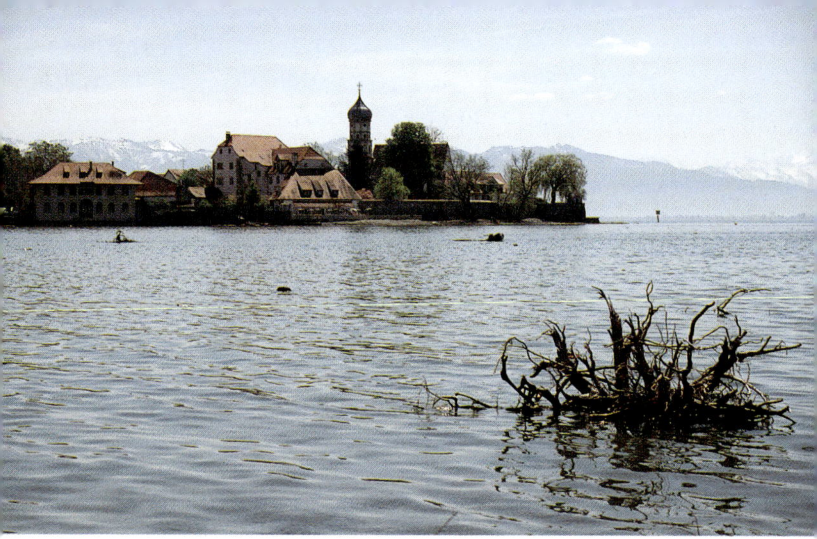

Wasserburg vom Malerwinkel.

dem bald abdrängend schmalen Weg an der Hafenmauer entlang um die östliche Bucht verfällt man rasch dem Charme dieses Bodensee-Glanzpunktes mit wellenumspülter Zwiebelturmkirche.

Das zum Freibad Aquamarin eingeschlagene Sträßchen verlassen wir an einem Spielplatz auf dem Fußweg zur Ortsmitte und halten uns dort Richtung Hochsträß. Nach kurzem Wanderweg an der Bahn bringt uns die Unterführung der B 31 zur Ansiedlung **Hochsträß** 3, 416 m. Im Nachbarort **Bettnau** 4, 427 m, wählen wir vor dem Ortsende bei der Hausnummer 21 einen steigenden Wirtschaftsweg. Ab der Verzweigung auf einer Anhöhe mit Seeblick wandern wir Richtung Hengnau auf leicht fallendem Waldweg über Lichtungen, bevor ein bald asphaltierter Gegenanstieg durch Waldstücke nach **Bruggach** 5, 465 m, leitet. Anschließend spazieren wir auf einem verkehrsfreien Sträßchen bergab durch ein Waldstück und, links in eine ruhige Kreisstraße einschwenkend, zum Weiler **Hengnau** 6, 450 m. Die Straße verläuft über Obstwiesen weiter nach **Hattnau** 7, 435 m, und zügig, zuletzt auf einem Gehweg, zurück nach **Nonnenhorn** 1.

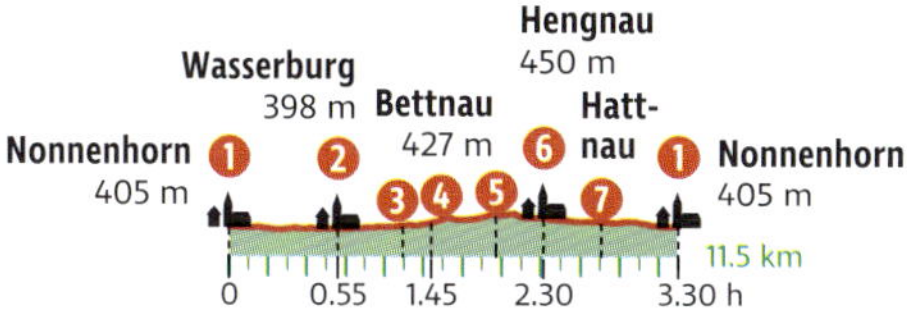

TOP 27

↗ 40 m | ↘ 40 m | 14.3 km

3.50 h

Lindau – Leiblachmündung – Lochau

Von der Inselstadt ins Nachbarland Vorarlberg

Die überraschend naturnahe Erholungswanderung von Lindau ins vorarlbergische Bodenseedorf Lochau ist es unbedingt wert, bei wechselnden Stimmungen in beiden Richtungen begangen zu werden. Anschließend bleibt vielleicht noch Zeit für einen kleinen Erkundungsgang durch die heimelig engen Gassen der mittelalterlichen Altstadt. Am pittoresken Rathaus vorbei geht es zum Bayerischen Löwen an der malerischen Hafeneinfahrt mit dem einzigen Leuchtturm Bayerns.

Ausgangspunkt: In Lindau an der Bushaltestelle an der Brücke zur Insel, 398 m; Parkplatz. Bus vom neuen Bahnhof im Stadtteil Reutin.

Anforderungen: Gut bezeichnete Fuß- und Wanderwege. Steigungsfrei.

Einkehrmöglichkeit: Strandbad Eichwald, Strandheim, Lochau.

Von der Brücke zur Inselstadt **Lindau** ❶ führt der Fußgängerweg Richtung Lindau Eichwald direkt am Seeufer durch Parkanlagen mit schöner Aussicht zu den Erhebungen des Bregenzerwaldes, in den Rätikon und die Appenzeller Berge. Die Wanderbeschilderung weist auf den Gehweg der Ladestraße und kurz darauf an der renaturierten Schilfzone Reutin (NSG) mit betagten Kastanien und Weiden entlang. Ab dem **Strandbad Eichwald** ❷ führt der Wanderweg mit Rückblick zur Insel an einladenden Badeplätzen vorbei. Bei einem Weiher müssen wir auf asphaltiertem Abschnitt das **Park-**

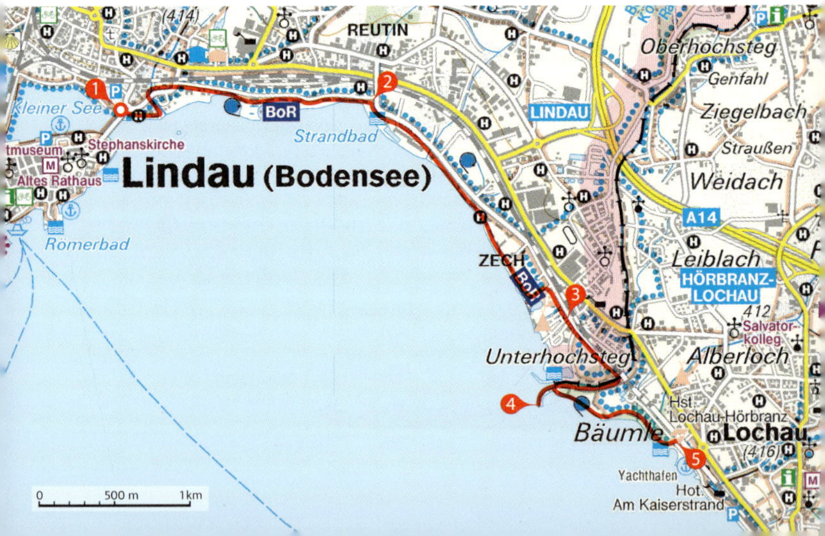

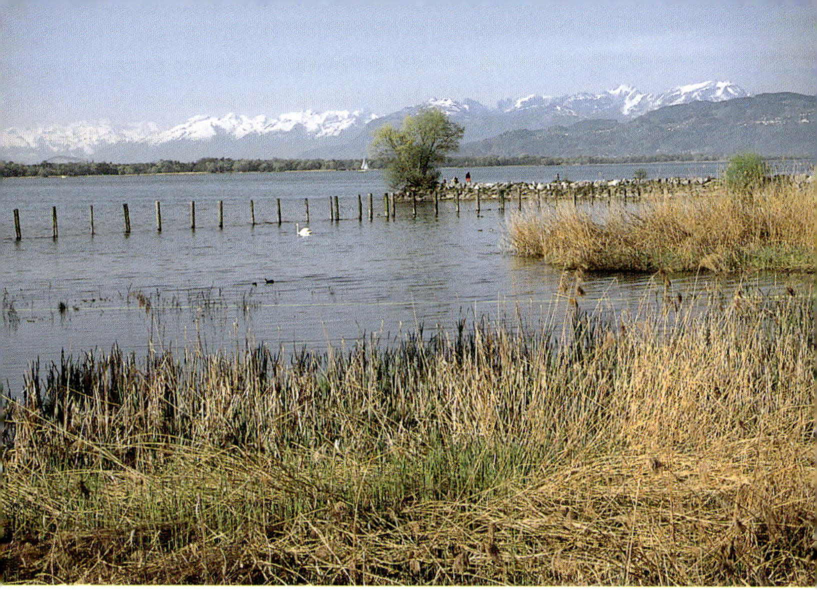

Bei Lochau schweift das Auge hinüber zu den Schweizer Bergen.

Camping ❸ mit dem Strandheim zum Tierheim umgehen. Gleich nach der Leiblachbrücke wollen wir uns, mittlerweile im Nachbarland Vorarlberg und wieder auf einem Wanderweg, den Abstecher zum Dammende an der **Leiblachmündung** ❹, 397 m, nicht entgehen lassen. Dieser prächtige, ein gutes Stück in die Seeweite vorspringende Blickpunkt reizt zur ausgiebigen Tourenunterbrechung. Berge und Wasser verschmelzen hier zu einem großartigen Landschaftsgemälde.

Wieder auf dem Hauptweg kommt man an einem geräumigen Wiesenrastplatz vorbei. An der Bachmündung in einem Waldstück erreicht man beim individuellen Schiffsrestaurant Alte Fähre nahe dem Bahnhof Lochau-Hörbranz den Park von **Lochau** ❺, 398 m.

Der Rückweg nach **Lindau** ❶ verläuft auf derselben Route, für müde Beine bietet sich der Zug an.

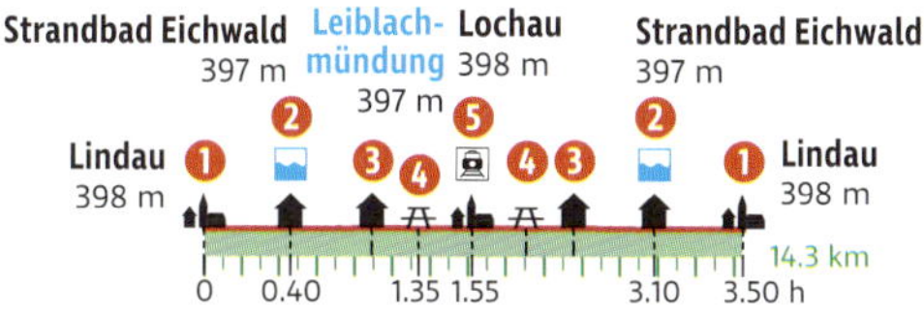

TOP

↗ 150 m | ↘ 750 m | 10.6 km

28 Bregenz – Pfänder, 1064 m – Haggen

3.00 h

Exzellente Aussichtswarte über dem »Lacus Brigantinus«

Das Prädikat »Bodensee-Aussichtswarte Nummer eins« gebührt ohne Zweifel dem berühmten Pfänder. Der außergewöhnliche Vierländerblick lässt einen nicht so schnell wieder los. Fast bis an den Horizont dehnt sich der blanke Spiegel des drittgrößten Binnengewässers Europas, des »Lacus Brigantinus«. Uns zu Füßen: die Lindauer Insel, das Bregenzer Dächergewirr mit der Seebühne, das Rheindelta! Wälder, Täler, Hügel, Grasberge – Felszinnen scharen sich bis zum Tödi. Nach dem Motto »Wandern ab der Bergstation« begnügen wir uns mit dem Abstieg.

Ausgangspunkt: Hauptbahnhof von Bregenz (Vorarlberg), 398 m; Parkplatz. Bahn von Lindau.
Anforderungen: Bestens bezeichnete Fußgänger-, Wander- und Waldwege, Pfade und kurze Sträßchen. Lediglich kleine Anstiege.
Einkehrmöglichkeit: Pfänder.

Der Wanderwegweiser »Gebhardsberg« zeigt am Bahnhof in **Bregenz** ❶ die Richtung am Großparkplatz entlang. Die einfachste Route zur **Pfänderbahn** ❷ lautet: Montfortstraße, links Römerstraße, Deuringstraße, Belrupstraße. Die Großkabine schaukelt uns im Nu zur **Bergstation** ❸,

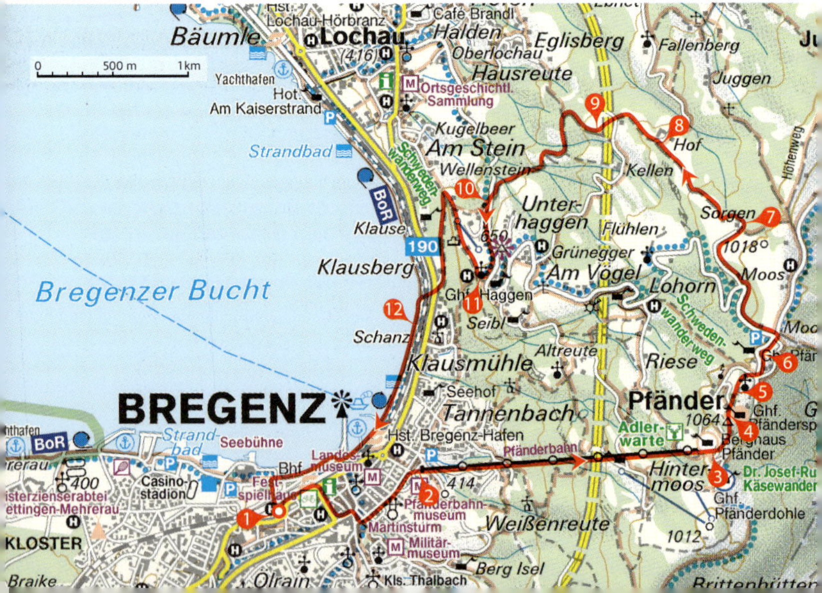

1020 m, mit Alpenwildpark und Pfänderbahn-Museum. Von dort steigt ein Wanderweg kurz an zur 95 Meter hohen Richtfunkstation auf dem Bregenzer Parade-Hausberg **Pfänder** 4.

Nach gebührender Rundschau gibt das Schild »Lochau über Sorgen« die Richtung an. An der **Schwedenschanze** 5 mit Kapelle geht es leicht bergab zur **Pfänderalp** 6, 1010 m. Danach folgen wir kurz dem fallenden Sträßchen, bis wir auf einen Waldweg abzweigen können. Ab der Einöde **Sorgen** 7, 952 m, leitet ein Feldweg zum Anwesen **Hof** 8, 825 m.

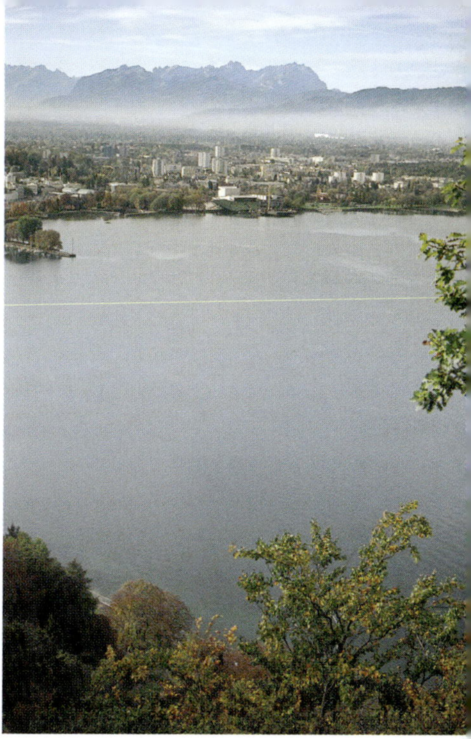

Tiefblick von Haggen auf den Bregenzer Seebusen, im Hintergrund die Appenzeller Berge.

Nun wandern wir auf einem Pfad nach **Unterlangenfluh** 9, 745 m. Anschließend führt uns wieder ein Waldweg – zu Beginn Richtung Halden – nach **Unterhaggen** 10, 566 m, wobei wilde Tobelbäche gequert werden. Ein kleiner Straßengegenanstieg bringt uns zu den Häusern von **Haggen** 11, 618 m. Auf einem Wanderweg passiert man jetzt mit nochmals traumhaften See-Tiefblicken den Winkler-Gedenkstein. Nach dem Rhombergstein mit geschützter Rotbuche leitet ein wildromantischer Waldpfad über den Klausberg hinunter zum Stadtteil **Klausmühle** 12, 398 m. Auf der Uferpromenade ist es dann nur noch ein Katzensprung nach **Bregenz** 1.

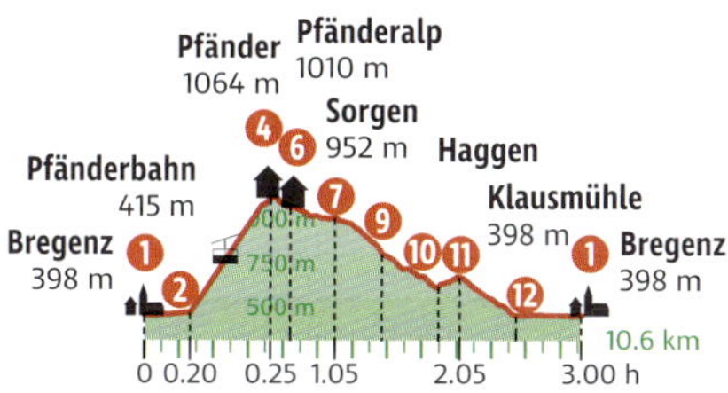

↗ 220 m | ↘ 220 m | 14.9 km

29 Herdwangen – Wälde – Waldhof

3.45 h

Auf den Höhen des oberen Linzgaus

Mit der Kreisreform 1972 wechselten die zwei Jahre später zusammengeschlossenen Ortschaften Herdwangen und Schönach vom Landkreis Überlingen zum Landkreis Sigmaringen. Das nur sanft gewellte Hügelland um Herdwangen, eine Kulturlandschaft voller Ruhe und Harmonie, stellt keine konditionellen Anforderungen. So kann man auf dieser komfortablen Runde im bäuerlichen oberen Linzgau mal so richtig nach Herzenslust ausspannen.

Ausgangspunkt: Bushaltestelle am Rathaus in Herdwangen am Westrand des Linzgaus, 647 m; Parkplatz. Bus von Überlingen.

Höhenunterschied: Knapp 180 m.

Anforderungen: Meist gut bezeichnete Wirtschafts- und Forstwege, stille Sträßchen. Kaum nennenswerte Steigungen.

Wir gehen vom Rathaus in **Herdwangen** 1 durch die Mühlbachsenke Richtung Oberndorf und ab dem Ortsende auf einem verkehrsfreien Sträßchen sanft bergan übers Wiesenland zum Ortsteil **Schmalzbühl** 2, 680 m. Ein Wirtschaftsweg leitet zwischen hochgelegenen, flachen Äckern nach **Hinterhaus** 3 und wieder ein Sträßchen zur Kreisstraße Herdwangen-Billafingen. Diese benützen wir nur über eine Kuppe und verlassen sie dahinter Richtung Vorstatt. Vom Weiler **Oberhaus** 4, 703 m, bringt uns der fortwährend komfortable Kurs durch ein Waldstück und, die nach Owingen verlaufende Landstraße kreuzend, nach **Wälde** 5, 692 m. Nun folgen wir einem Wirtschaftsweg geradeaus am etwas abseits gelegenen Segoderhof vorbei und über eine kleine Anhöhe nach **Schwende** 6, 641 m. Gleich am Ortsanfang orientieren wir uns an der Beschilderung »Taisersdorf« und wählen noch vor Beutenmühle den kurvigen Forstweg, stets auf der Hauptroute bleibend, zum Weiler **Waldhof** 7, 575 m.

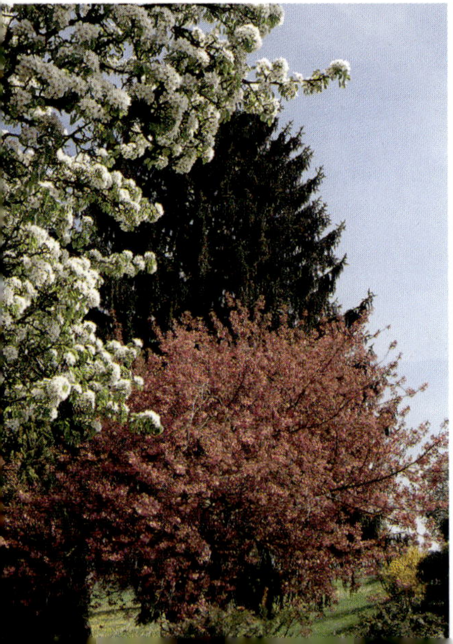

Oberschwäbischer Frühlingsduft, ein Fest für die Sinne.

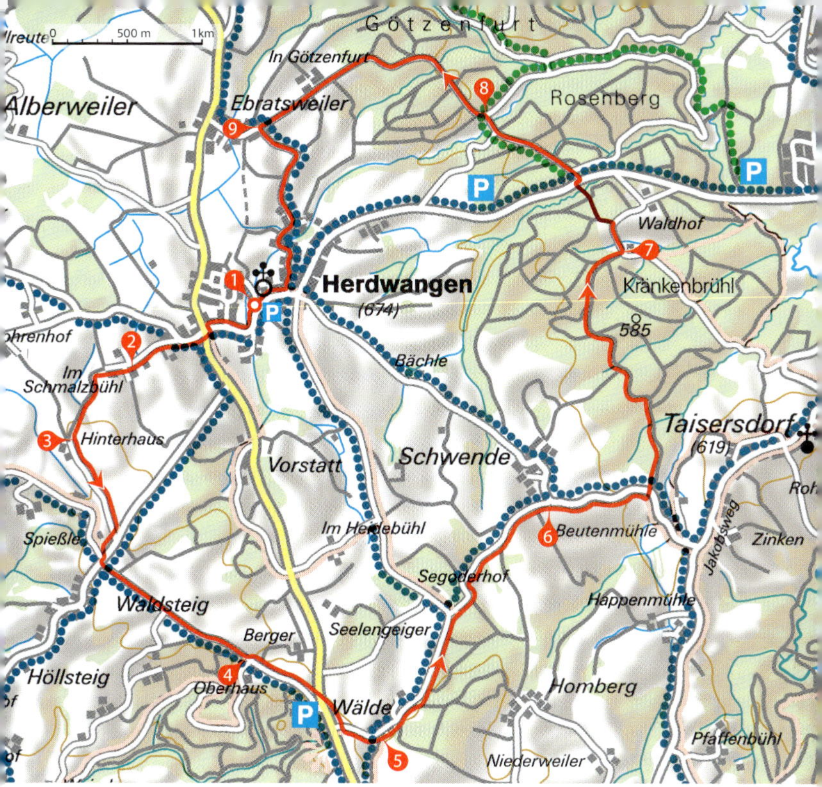

Dort halten wir uns Richtung Rosenberg, queren nach einer kurzen Fahrspur die Kreisstraße Herdwangen – Schönach und gehen auf dem nach Rosenberg beschilderten Forstweg (HW 5) über eine kleine Waldkuppe. Am Wegdreieck in der Senke des **Herdenbachs** 8 zweigen wir nach **Ebratsweiler** 9, 640 m, ab, das wir nach einer weiteren leichten Steigung und zuletzt auf einem Sträßchen am Birkenhof vorbei erreichen. Bald darauf treffen wir wieder in **Herdwangen** 1 ein.

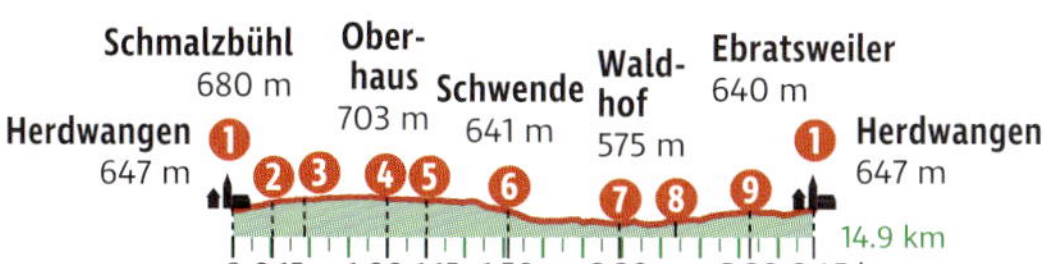

↗ 340 m | ↘ 340 m | 13.8 km

30 Groß-Schönach – Rickertsweiler – Taisersdorf

3.40 h

Am Nordrand des Bodenseebeckens

Die durch Waldtäler und Tobel gegliederte Molassehochfläche bei Groß-Schönach verspricht am Nordrand des Bodenseebeckens ein kurzweiliges Wandervergnügen. Wer über genügend Zeit verfügt, der sollte sich am Stauwehr in der Kerbe der Aach den stimmungsvollen Abstecher ein Stück durch den urtümlichen, steil flankierten Tobel (Naturschutzgebiet) nicht entgehen lassen.

Ausgangspunkt: Bushaltestelle an der Schule oberhalb der Kirche in Groß-Schönach, 605 m; Parkplatz. Bus von Überlingen.

Anforderungen: Gut bezeichnete Wirtschafts- und Forstwege, ruhige Straßen, kurzer Pfad. Deutliche Aufschwünge.

Einkehrmöglichkeit: Taisersdorf.

An der Schule in **Groß-Schönach** 1 nehmen wir den Ramsbergweg. Ab der im schummerigen Ramsberger Tobel versteckten **Lourdes-Grotte** 2 kurz nach dem Ortsende setzt ein mit *rotem Kreuz* markierter, deutlich steigender Waldweg an. Wenig abseits der Route steht die Wallfahrtskapelle Ramsberg. Unter diesem Bauteil der einstigen Burg liegt gemäß der Sage ein Schatz verborgen. Zudem soll es dort angeblich nicht ganz geheuer sein.

Im weiteren Verlauf geht es auf einem flachen Feldweg zur kleinen Häuseransammlung **Katzensteig** 3, 685 m. Die auffallenden, gelungen restaurierten Fachwerkscheunen waren früher im Besitz des Überlinger Spitals. Kaum befahrene, zügige Sträßchen führen uns über das Grünland, die Landstraße Hattenweiler – Altheim querend, zuletzt bergab nach **Rickertsweiler** 4, 660 m. Die Tafel »Heimatsweiler« lenkt auf eine Wiesenspur, die von einem Waldpfad abgelöst wird. Anschließend bringt uns ein Wirtschaftsweg zu

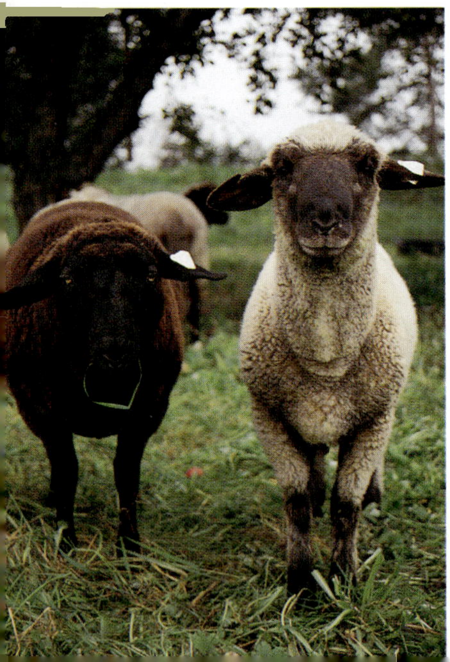

Neugierige Vierbeiner bei Groß-Schönach.

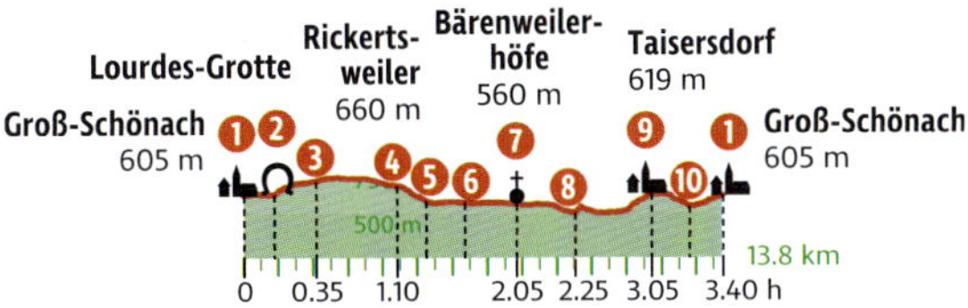

den Höfen von **Steigen** ❺, 575 m. Nun wandern wir auf einem verkehrsfreien Sträßchen an einem Apfelanbau entlang nach **Heimatsweiler** ❻, 567 m. Ein Feldweg leitet zu den benachbarten **Bärenweilerhöfen** ❼ und von dort führt ein Waldweg Richtung Aachtobel.

Nach dem **Stauwehr** ❽ des Hochwasser-Rückhaltebeckens verlässt man den mit rotem Kreuz bezeichneten Weg, spaziert durch den urigen Auwald an der Aach und auf asphaltiertem Wirtschaftsweg hinauf nach **Taisersdorf** ❾, 619 m. Der Alte Kirchweg quert die Talsohle der **Aach** ❿ zurück nach **Groß-Schönach** ❶.

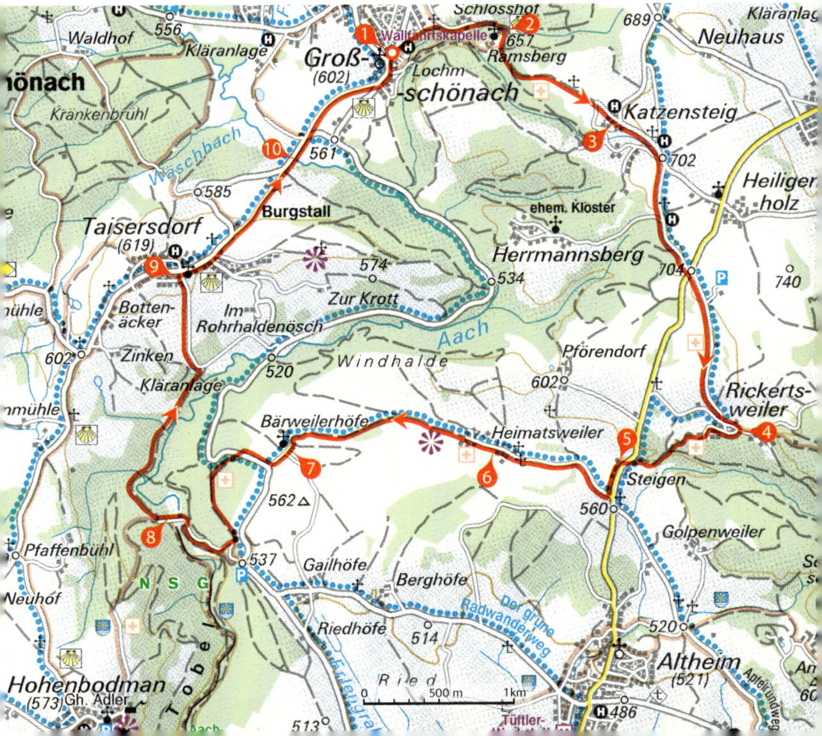

↗ 240 m | ↘ 240 m | 7.5 km

31 Betenbrunn – Ellenfurter Tobel

2.15 h

Ins verträumte Tal der Deggenhauser Aach

Die Deggenhauser Aach im nördlichen Linzgau durchströmt ein für diese Region überraschend ausgeprägtes, dünn besiedeltes Tal mit wilden Seitentobeln. Fast bis zu 300 Metern steigen die Talflanken an. Formgeber war der »hobelnde« Gletscher der Würmeiszeit. Der Ortskern des gefälligen Dörfchens Betenbrunn mit dem hübschen Staffelgiebelturm der Kirche, ehemals Franziskanerkloster, und sehenswertem altem Fachwerk steht unter Denkmalschutz und lohnt nach dem beglückenden kleinen Waldausflug eine nähere Besichtigung.

Ausgangspunkt: Bushaltestelle am unteren Ende von Betenbrunn, einem Ortsteil von Heiligenberg am Nordrand des Linzgaus, 750 m; Parkplatz. Bus von Salem über Heiligenberg.
Anforderungen: Überwiegend bezeichnete Forst-, Wander- und Feldwege. Längerer mittelsteiler Aufstieg.

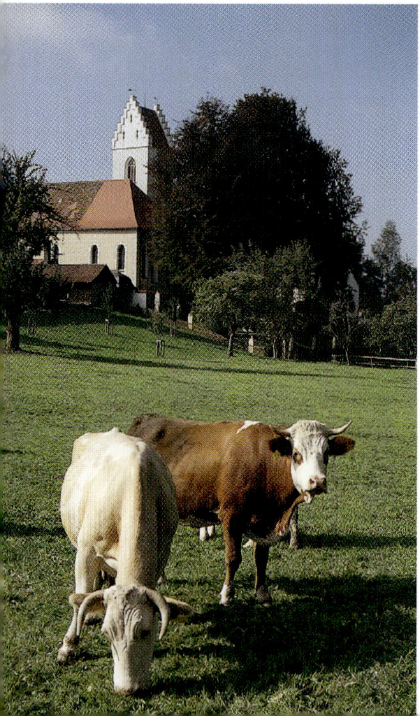

Der mit »W 8« ausgewiesene Forstweg führt ab dem unteren Dorfende von **Betenbrunn** ❶ in belebendem Mischwald oberhalb eines markanten Tobels meist leicht bergab. An der Verzweigung nach einer Rechtsschleife um einen Bergsporn folgen wir dem unbeschilderten linken Wegast in nun deutlicherem Gefälle. An der nächsten Gabelung halten wir uns ebenfalls links und kommen so beim Weiler **Ellenfurter Tobel** ❷, 630 m, ins Wiesental der Deggenhauser Aach. Dort stoßen wir auf ein Wirtschaftssträßchen.
Dieses verlassen wir sogleich wieder auf einem wenig oberhalb des anmutigen Talbodens verlaufenden, aussichtsreichen Waldweg mit Blick zum Antennenturm des Höchsten. Auf dem jenseitigen Höhenzug fallen die hier eher ungewöhnlichen Sandsteinabbrüche der Rappenfel-

Im bäuerlichen Betenbrunn.

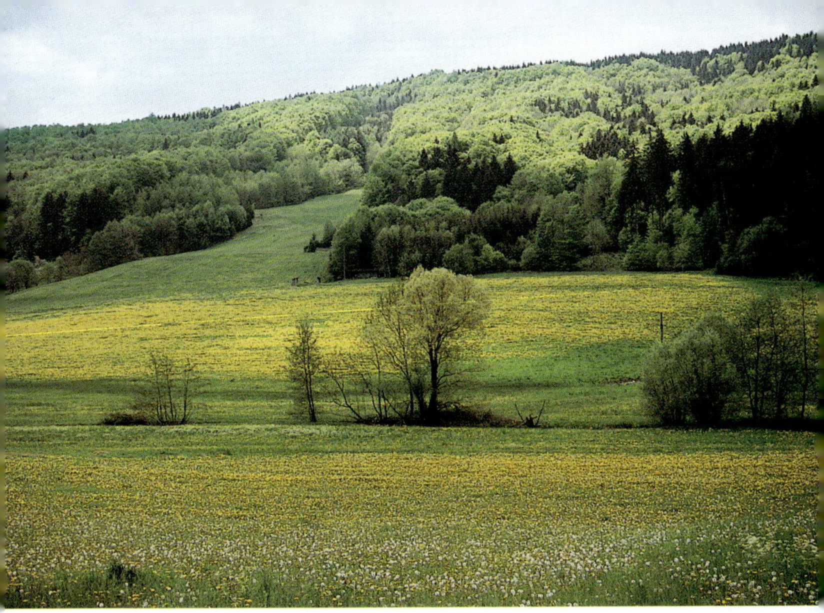

Ruhe und Erholung: das Tal der Deggenhauser Aach.

sen ins Auge. Etwas abseits unserer Route liegen weit verstreute Bauernhöfe.

Nach dem Passieren eines der wenigen Linzgau-Skilifte – einen weiteren findet man bei Wintersulgen – erreicht man oberhalb des Weilers Ellenfurt eine Wasserversorgung. Der Hauptwanderweg 7, in diesem Abschnitt ein Waldwanderweg und zwischendurch ein Forstweg, steigt jetzt in wenigen Schleifen über die steilen Waldhänge des sogenannten Aachecks empor nach **Betenbrunn 1**, das wir zum Schluss auf einem undeutlichen Feldweg über eine Kuppe erreichen. Diese beschert uns noch einen herrlichen Ausblick über den Bodensee zum Säntismassiv.

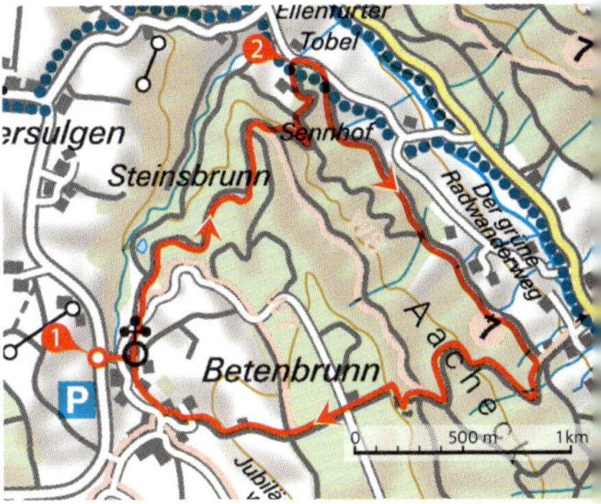

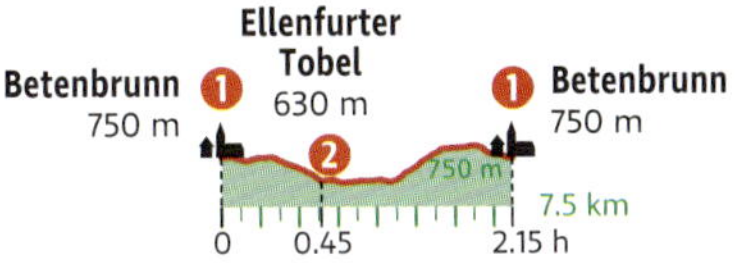

↗ 80 m | ↘ 80 m | 11.7 km

32 Neufrach – Killenweiher – Schloss Salem

3.10 h

Stimmungsvolle Salemer Klosterweiher

Diese bequeme Weiherwanderung durch den südlichen Linzgau zum bekannten Kulturdenkmal Schloss Salem verbindet insgesamt gleich fünf sehenswerte Stillgewässer: den Bifangweiher, die Killenweiher-Zwillinge, den Olsenweiher, den Martinsweiher in der Nähe des berühmten Affenbergs Salem und die Spitznagelweihergruppe. Die malerischen Klosterweiher hatten die Salemer Mönche einstmals angelegt, um die Speisekarte durch Fischgerichte ergänzen zu können.

Ausgangspunkt: Bahnhof in Neufrach, einem Ortsteil von Salem (Linzgau), 435 m; Parkplatz. An der Zugstrecke Überlingen – Friedrichshafen.

Anforderungen: Vorwiegend bezeichnete Wirtschafts-, Forst- und Wanderwege. Keine nennenswerten Steigungen.

Einkehrmöglichkeit: Schloss Salem.

Der Killenweiher südlich von Salem (Linzgau).

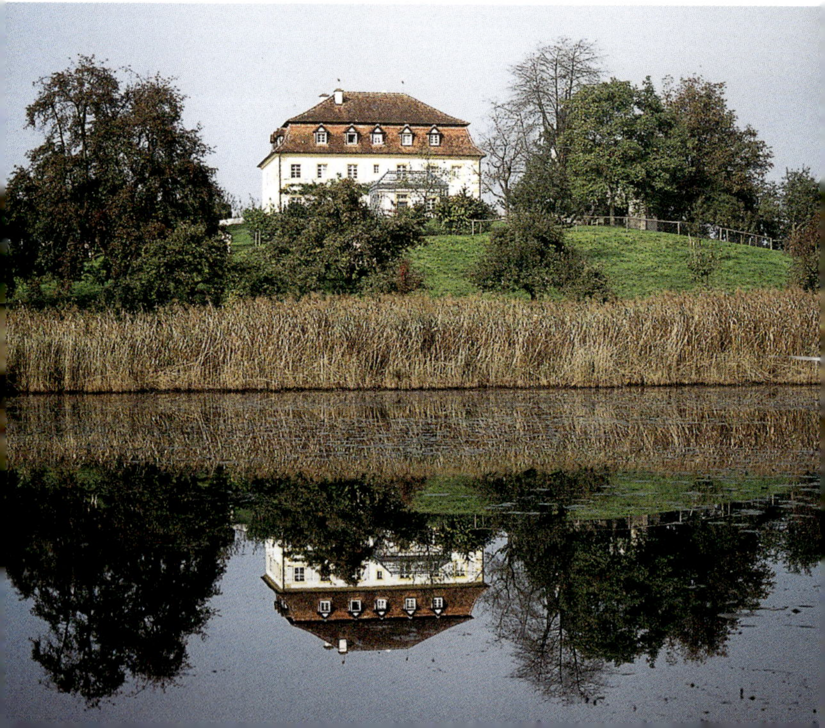

Geht man vom Bahnhof in **Neufrach** 1 über den Stefansfelder Kanal zur Ortsmitte des Salemer Hauptortes **Mimmenhausen** 2, stößt man auf den Wegweiser »Killenweiher«. Auf Fußgängerwegen und schmalen Gassen gelangt man, die Salemer Aach querend, zum Dorfende. Beim Bifangweiher kreuzt man zweimal die nach Überlingen führende Landstraße. Auf einem Feldweg, später auf einem Waldweg, wandert man zum ansehnlichen **Killenweiher** 3, 435 m, den eine Landenge mit dem barocken badisch-markgräflichen Forsthaus und einer Kapelle durchtrennt.

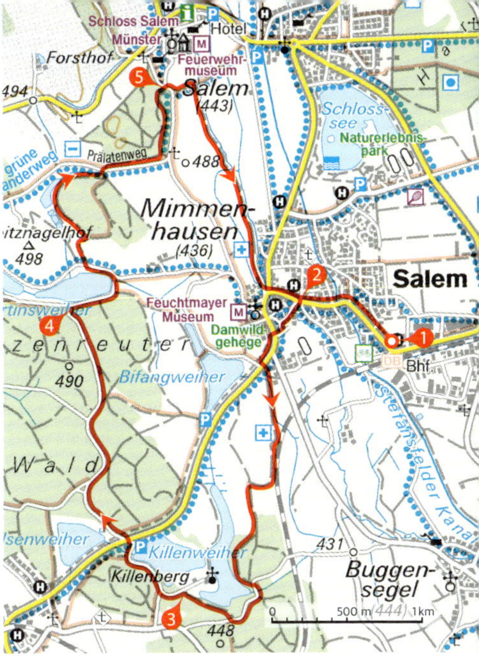

Nach teilweiser Umrundung des idyllischen, mit Seerosen geschmückten Waldgewässers auf einem zwischendurch unbeschilderten Forstweg queren wir aufmerksam nochmals die Landstraße. Der fortwährende Entspannungskurs bringt uns, nach dem Olsenweiher ein winziges Rasthüttchen passierend, zum **Martinsweiher** 4, 445 m, am Nordrand des Banzenreuter Waldes. Hinter diesem ragt einer der in dieser Gegend öfter vorkommenden, vom einstigen Eiszeitgletscher typisch oval geformten Drumlins auf, der den Spitznagelhof trägt. Auf Wirtschaftswegen geht es nun an den Spitznagelweihern vorbei um das Kirchberghölzle herum, zuletzt auf einem Wanderweg neben der Straße, zum **Schloss Salem** 5, 443 m, früher Zisterzienserkloster.

Richtung Weildorf spazieren wir bergab zur Brücke der Salemer Ach, wo vormals die Klostermühle stand. Wer noch das Schloss mit seinen zahlreichen, eigentlich einen Extrabesuch erfordernden Sehenswürdigkeiten besichtigen möchte, muss östlich einen Bogen um das Parkgelände schlagen. Ein Fußweg begleitet jetzt den Bach nach **Mimmenhausen** 2, wo wir den bekannten Kurs nach **Neufrach** 1 aufnehmen.

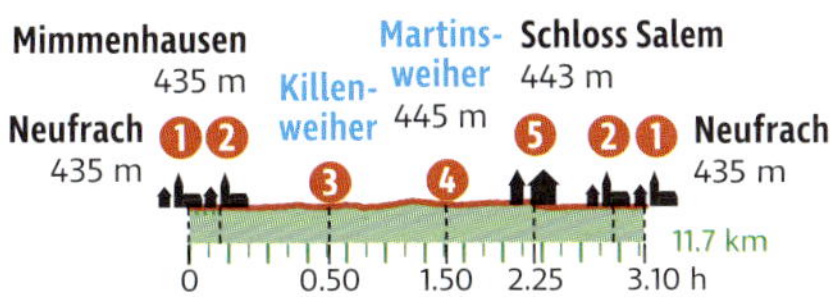

↗ 350 m | ↘ 350 m | 10.8 km

33 Deggenhausen – Höchsten, 838 m

3.20 h

Hoch über dem »Tal der Liebe«

Eine der Geschichten, die sich um den Ursprung des Beinamens für das Deggenhausertal ranken, bezieht sich auf die schlechte Versorgungslage nach dem Zweiten Weltkrieg. Hilfesuchende, meist Frauen und Kinder, sollen von den Bauern des Tals große Fürsorge erfahren haben. Seither wird das Tal der Deggenhauser Aach auch »Tal der Liebe« genannt. Landmarke ist hier der Höchsten, dessen Besteigung aber keinerlei bergsteigerische Erfahrung voraussetzt. Nagelfluhfelsen stützen an manchen Stellen den höchsten Berg Oberschwabens, auf dem hin und wieder die zornigen Winde ihren wilden Veitstanz aufführen.

Ausgangspunkt: Bushaltestelle bei der Kirche in Deggenhausen, einem Ortsteil von Deggenhausertal, 544 m; Parkplatz. Bus von Markdorf.
Anforderungen: Gut bezeichnete Forst- und Feldwege, Pfade und kurze Sträßchen. Langer mittelsteiler Aufstieg zum »Gipfel« des Höchsten.
Einkehrmöglichkeit: Nur Gasthöfe auf dem Höchsten.

Wir gehen von der Kirche in **Deggenhausen** ❶ die Durchgangsstraße bergab, bis der Wegzeiger »Höchsten« zum Weiler **Auf dem Berg** ❷ lenkt. Bei einem Einzelanwesen folgen wir dem mit *blauem Punkt* bezeichneten, anfangs flachen Waldweg am letzten Haus vorbei. Später leiten eine Weidespur und danach ein Waldpfad zu den beiden Gebäuden der Zieglerschen Anstalten.

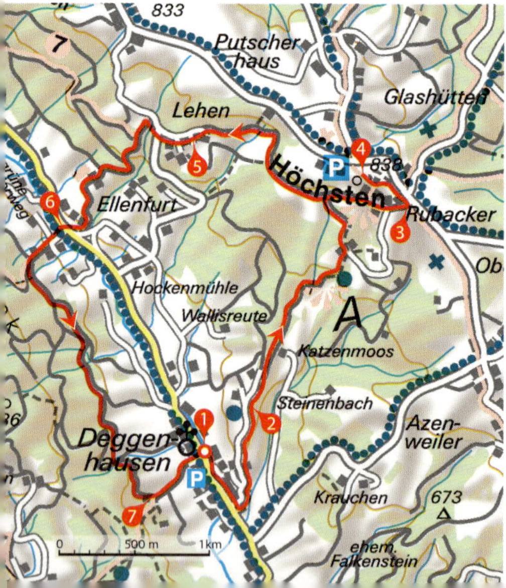

Bald darauf steigt ein Feldweg über eine Streuobstwiese an. Schließlich passiert man in **Rubacker** ❸, 810 m, das Bergstüble, einen Bauernhof, ein Fachkrankenhaus und den Berggasthof Höchsten mit Informationsstätte. Auf dem schwäbisch-alemannischen Mundartweg hat man zuletzt noch seinen »Gipfelspaß« zum Pavillon mit naher Telekom-Antenne auf dem **Höchsten** ❹.

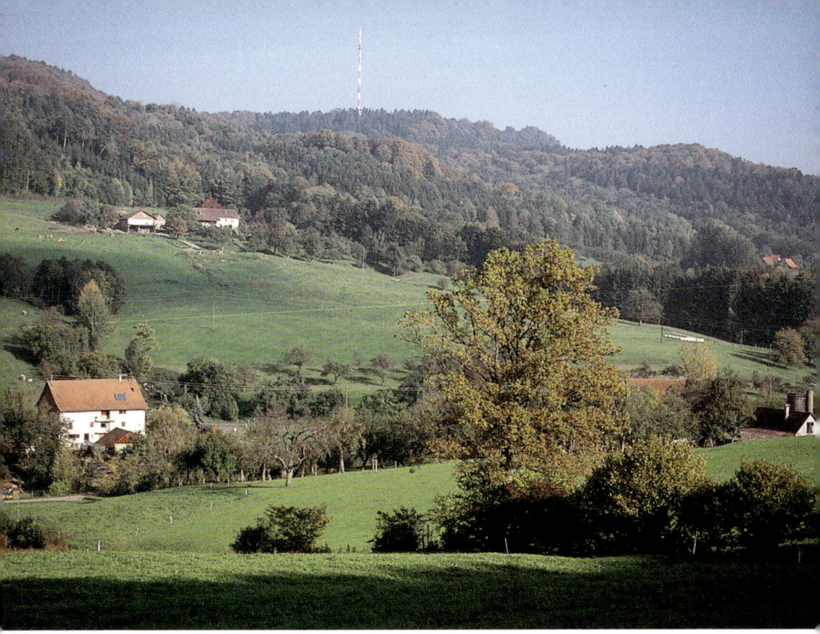

Der Höchsten über dem Deggenhausertal.

Der umfassende Rundblick beinhaltet unter anderem Zugspitze und Berner Alpen, Hegauberge und Schwäbische Alb.
Zurück auf der Wiese beim Bauernhof führen ab einer Verzweigung eine flache Fahrspur (*rotes Kreuz*) und im weiteren Verlauf ein Waldweg hinunter zur Camphill-Dorfgemeinschaft **Lehenhof** ❺, 748 m. Nun folgt man kurz einem Sträßchen, danach einer Weidespur und einem Waldpfad. An einem Einödhof vorbei geht es auf einem Fahrweg vollends bergab ins Deggenhausertal. In **Ellenfurt** ❻, 587 m, weist das Wanderwegtäfelchen über die Landstraße und die Aach zum Beginn einer Forstwegsteigung. Eine Wasserversorgung passierend wandert man an den Talhängen entlang und am Schluss an einer **Grotte** ❼ vorbei zurück nach **Deggenhausen** ❶.

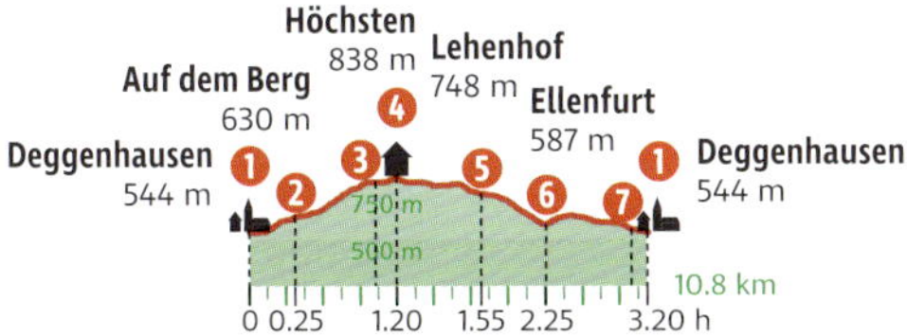

↗ 170 m | ↘ 170 m | 8.7 km

34 Untersiggingen – Oberstenweiler

2.40 h

Einsame Linzgau-Bummelei

Die bewegte und bis auf den kleinen Dorfflecken Oberstenweiler nur von wenigen entlegenen Weilern besiedelte Gegend zwischen Salem und dem Gemeindegebiet Deggenhausertal bietet einsame Stunden des Wanderns. Diese kleine Linzgau-Bummelei lässt sich auch an Tagen durchführen, an denen die Freizeit eher knapp bemessen ist.

Ausgangspunkt: Bushaltestelle in der Ortsmitte von Untersiggingen im Deggenhausertal (Linzgau), 483 m; Parkplatz. Bus von Markdorf.

Anforderungen: Gut bezeichnete Forst- und Wirtschaftswege, Sträßchen, kurze Pfadspur. Mäßig steile Anstiege.
Einkehrmöglichkeit: Oberstenweiler.

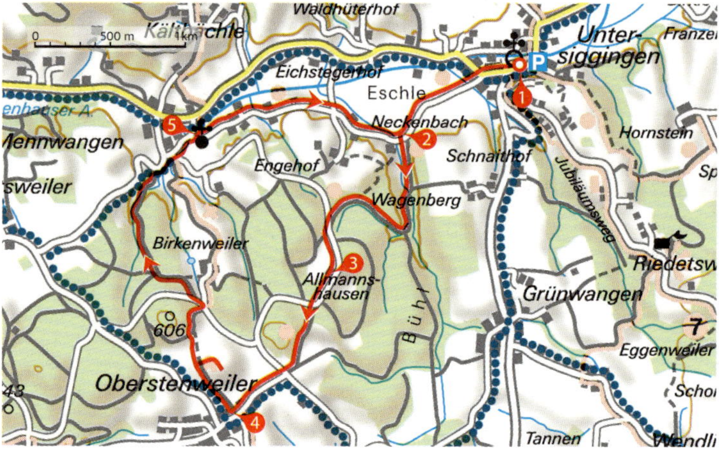

Untersiggingen ❶ an der großen Biegung der Deggenhauser Ach wird als »Villa Sicgingas« bereits im Jahr 772 urkundlich erstmals genannt. Wir starten in der Ortsmitte und spazieren auf dem mit *rotem Punkt* markierten, verkehrsfreien Sträßchen Richtung Oberstenweiler durch das hier breite Talbecken zum Beginn des verstreuten Weilers **Eschle** ❷, 480 m.
Dort biegen wir auf einen Forstweg ab, der durch ein kleines Seitental von einem murmelnden Bachlauf begleitet wird. Schon bald schwingt sich die Route mäßig steil bergan. Kurz nach der auf einer Lichtung erscheinenden Einöde **Allmannshausen** ❸, 563 m, leitet ein Waldweg über eine Wiesenanhöhe zum sonnenverwöhnten Salemer Ortsteil **Oberstenweiler** ❹, 558 m.

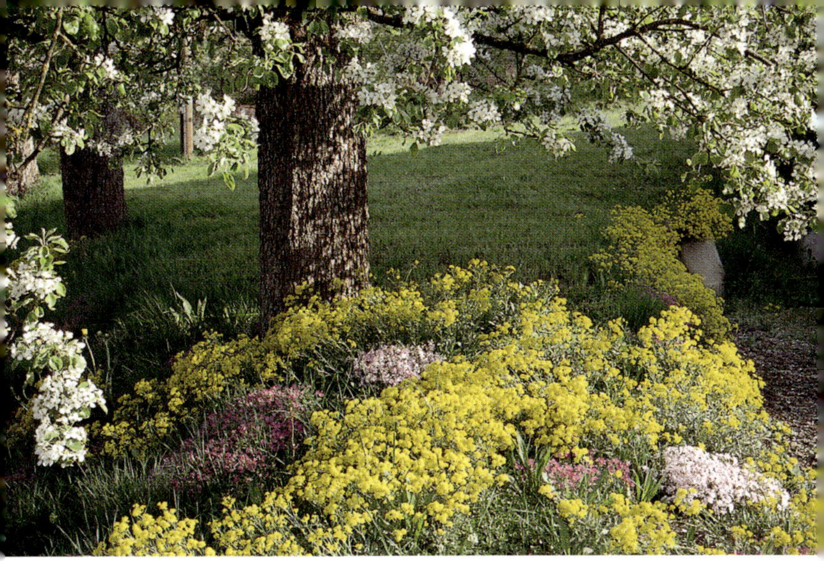

Ländliches Oberschwaben.

Nach gemütlicher Einkehr gehen wir das kleine Stück zurück zum Dorfbrunnen und folgen dem asphaltierten, mit *rotem Kreuz* bezeichneten Wirtschaftsweg erneut bergan zur hoch positionierten Wasserversorgung, 597 m. Besonders aufschlussreich zeigt sich von dem ungestörten Plätzchen mit dem bemerkenswerten Rundumblick die weite Niederung der Salemer Aach. Bei der Schranke kurz zuvor beginnt eine Wiesenspur, die einen Jägerstand passiert. Wenig später geht es auf einem Forstweg durch den östlichen Leutkircher Wald wieder hinunter ins Deggenhausertal.
An der Wendelinskapelle der Streusiedlung **Mennwangen** 5, 468 m, hält man sich Richtung Untersiggingen. Hier steht eines der wenigen nennenswerten Fachwerkgebäude des Deggenhausertals, das sogenannte Vogtshaus. Gemütlich bummelt man auf einem Privatsträßchen an einem Betonsteinwerk und einem Andachtshäuschen vorbei zurück zu den Häusern von **Eschle** 2. Dort stößt man auf das bekannte Sträßchen nach **Untersiggingen** 1.

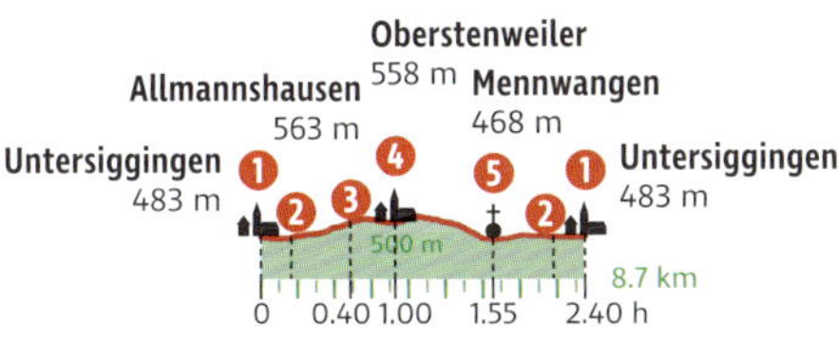

TOP

35

↗ 290 m | ↘ 290 m | 14.0 km

Limpach – Oberhomberg – Tobelwangerhof

4.00 h

Sonnige Höhen und erfrischende Tobel

Bevor uns diese kurzweilige Unternehmung zwischen dem Bodenseekreis und dem Landkreis Ravensburg in weltferne Tobelschlünde entführt, genießen wir das befreiende Ausschreiten über die lichtreichen Höhenlagen südöstlich des Höchsten.

Ausgangspunkt: Bushaltestelle in der Ortsmitte von Limpach im Deggenhausertal (Linzgau), 660 m; Parkplatz. Bus von Markdorf.

Anforderungen: Gut bezeichnete Feld- und Forstwege, Pfade und kleine Straßenabschnitte. Kurze Aufstiege

Einkehrmöglichkeit: Oberhomberg.

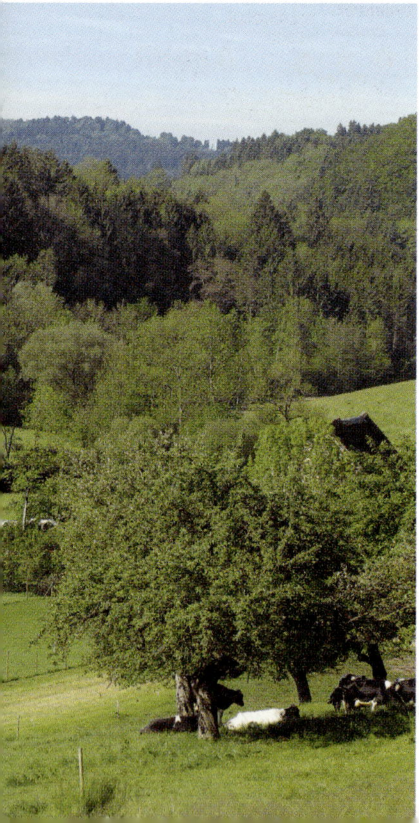

In der Ortsmitte von **Limpach** ❶ lenkt das Schild »Möggenhausen« zum Beginn des mit dem *blauen Punkt* markierten Wander-Lehrpfades. Dieser folgt dem Rand eines naturnahen Waldes und kreuzt eine Kreisstraße. Auf dem anschließend über sonnseitige Äcker und Wiesen sanft ansteigenden Feldweg queren wir erneut eine Straße und erreichen **Möggenhausen** ❷, 727 m. Hinter dem Ort eröffnet sich nahe dem Höchsten ein schöner Alpenblick. Bald darauf kommen wir nach **Oberhomberg** ❸, 762 m.

Nach einem möglichen Wirtshausbesuch geht es nun ständig talwärts. Die Kreisstraße Richtung Hasenweiler bringt uns in Kürze nach **Unterhomberg** ❹, 735 m. Wir begeben uns auf den nach Buchmühle beschilderten Feldweg, queren ein weiteres Mal die Kreisstraße von Limpach und wandern auf einem verkehrsfreien Sträßchen zum Einödhof **Heidbremen** ❺, 650 m. Der mit *rotem Kreuz* bezeichnete Waldweg senkt sich jetzt deutlich.

Beim Einödhof Benistobel.

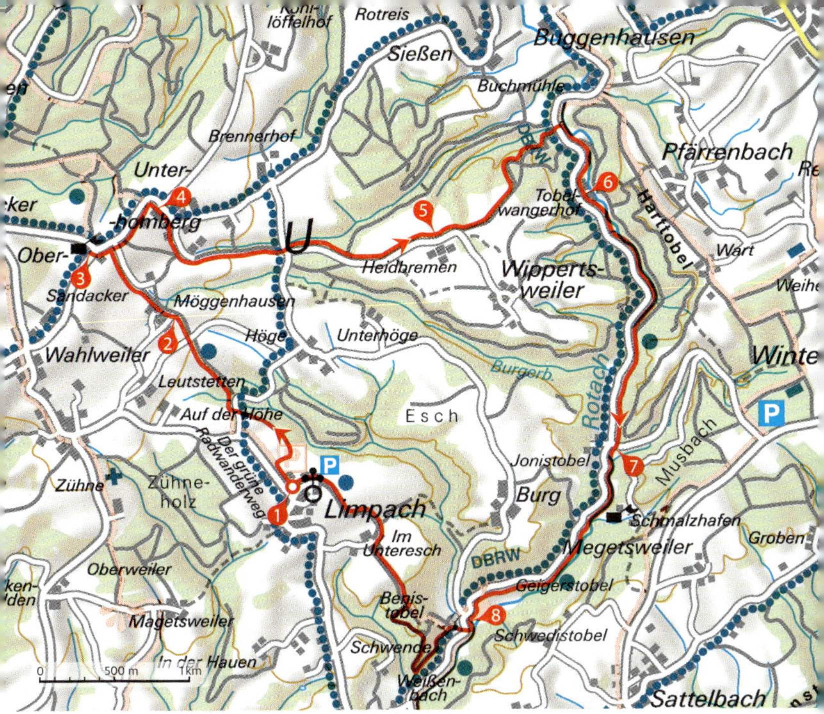

Im romantischen, meistens von Wiesenstreifen gesäumten Harttobel geht es auf einem Forstweg zum **Tobelwangerhof** ⑥, 550 m. Das Rauschen der Rotach begleitet uns mit zweimaliger Bachquerung am Anwesen **Jonistobel** ⑦, 528 m, vorbei und über eine kleine Wegkuppe zum Einödhof **Benistobel** ⑧, 518 m. Dort orientiert man sich an den Tafeln »Urnau« und »Im Unteresch«. Über zwei weit ausholende Schleifen wandern wir durch Schatten spendenden Hangmischwald in zwischendurch deutlicher Steigung zurück zum Ausgangspunkt in **Limpach** ①, wobei wir zuletzt auf einem Feldweg einen Feldfruchtsortengarten passieren.

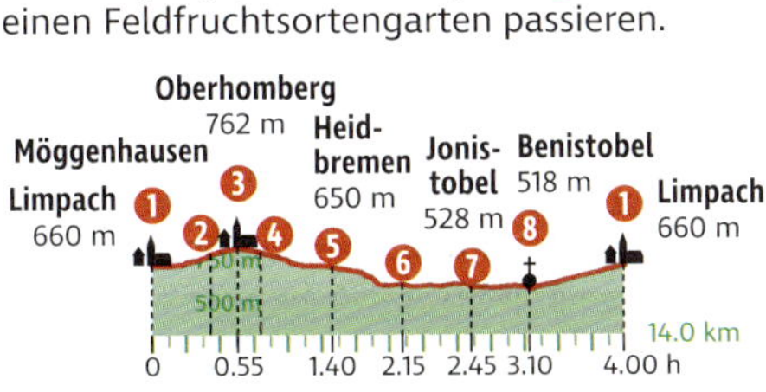

↗ 330 m | ↘ 330 m | 14.8 km

36 Oberteuringen – Hepbach – Gehrenberg, 754 m

4.15 h

Einer der ausgeprägtesten oberschwäbischen Berge

Ein beschwingter Aufstieg bringt uns aus dem Oberteuringer »Tiefland« zu einer der augenfälligsten Berggestalten Oberschwabens, dem Gehrenberg. Wir haben es dabei nicht auf den mit dem Auto erreichbaren Aussichtsturm bei Allerheiligen abgesehen, sondern auf den deutlich höheren »Hauptgipfel« des Berges.

Ausgangspunkt: Bushaltestelle in der Ortsmitte von Oberteuringen am Ostrand des Linzgaus, 451 m; Parkplatz in der Nähe der Bushaltestelle. Bus von Friedrichshafen.

Anforderungen: Gut bezeichnete Wirtschafts-, Forst- und Fußgängerwege, stille Sträßchen. Langer, mäßig steiler Aufstieg.

Einkehrmöglichkeit: Unterteuringen.

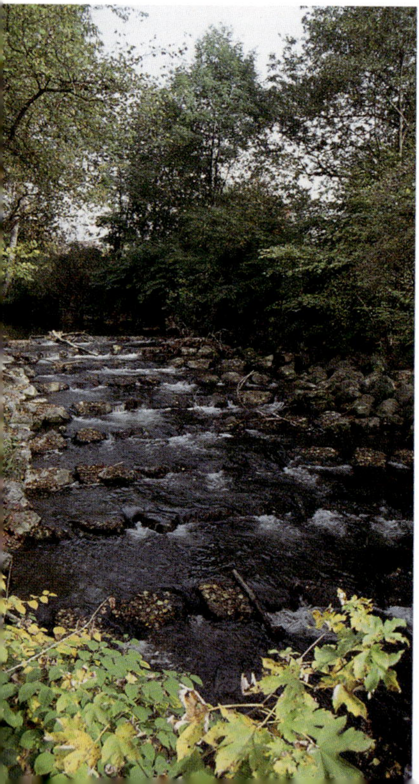

Von der Bushaltestelle in **Oberteuringen** ❶ passieren wir zunächst die Kirche und gehen zur Rotachbrücke. Der Wanderwegweiser lenkt auf einen Fußgängerweg, der zwischen dem Bach und einer Obstplantage nach **Unterteuringen** ❷, 443 m, führt. Das als Jubiläumsweg beschilderte Wirtschaftssträßchen, zwischendurch von einem Feldweg unterbrochen, bringt uns übers Wiesenland nach **Hepbach** ❸, 460 m.

Am östlichen Ortsrand dirigiert das Täfelchen »Gangenweiler« unter der B 33 hindurch. Daraufhin folgen wir dem mit *rotem Punkt* bezeichneten, geteerten Wirtschaftsweg Richtung Gipfelhütte bergan über Streuobstweiden. Später setzt sich die anhaltende, aber durchwegs wenig anstrengende Steigung in ein paar Forstwegwindungen fort. Nach einem Flachstück leitet ein deutlicher Schlussaufschwung zur Gipfelhütte. Hinter diesem Unterstand führt ein

Die Rotach in Oberteuringen.

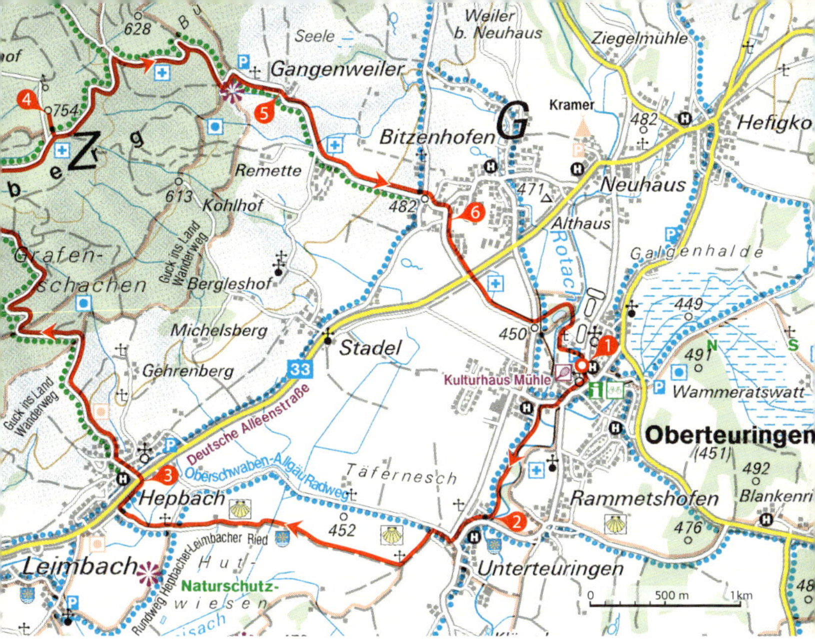

kurzer Pfad zum höchsten Punkt, markiert durch einen Felsblock, auf dem zwar aussichtslosen, dafür verschwiegen im tiefen Wald verborgenen **Gehrenberg 4**.

Das Wanderwegschild zeigt den Kurs zurück nach Oberteuringen. Nach ebenfalls kurvigem Abstieg, an einem weiteren Unterstand und einer Forsthütte vorbei, trifft man in **Gangenweiler 5**, 560 m, ein. Die mit dem *blauen Kreuz* markierte, stille Straße verläuft über das Ferienzentrum Remette nach **Bitzenhofen 6**, 470 m. Vorsichtig die Bundesstraße querend erreicht man auf einem Wirtschaftssträßchen wieder **Oberteuringen 1**. Einen schönen Ausklang bietet der an einer Kühlhalle links abzweigende Spazierweg zu einem eingewachsenen Weiher mit Sitzgruppe. Über die Rotachbrücke geht es schließlich zurück zum Startpunkt.

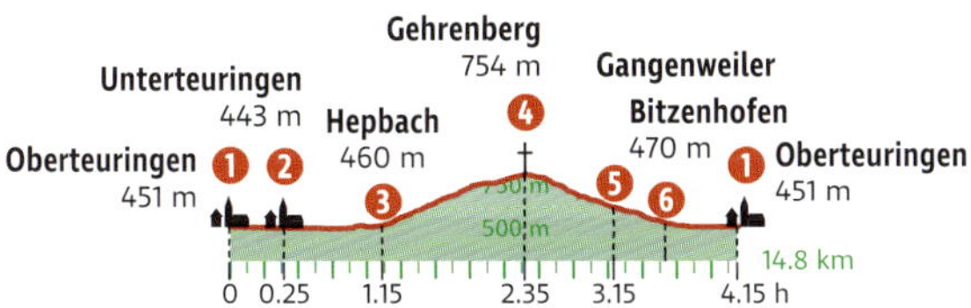

↗ 210 m | ↘ 210 m | 13.2 km

37 Hagenbach – Buttenmühle – Schmalegg

4.00 h

Naturerlebnis am Stadtrand von Ravensburg

Am Rand der Weststadt startet unsere Erlebnistour ins urige Naturschutzgebiet »Schmalegger und Rinkenburger Tobel« mit regenerierendem Schluchtwald und stürzenden Wildwassern.

Ausgangspunkt: Bushaltestelle am westlichen Ortsrand von Hagenbach, 5 km westlich von Ravensburg, 528 m; beschränkte Parkmöglichkeit. Bus von Ravensburg.

Anforderungen: Meist gut bezeichnete Wirtschafts-, Forst- und Wanderwege, kurze und teilweise undeutliche Pfade, ruhige Sträßchen. Kleine Anstiege.

Einkehrmöglichkeit: In Schmalegg.

Ein Fußgängerweg bringt uns vom westlichen Ortsrand von **Hagenbach** ❶ neben der Kreisstraße durch ein Waldstück nach **Okatreute** ❷, 535 m, und ein stilles Sträßchen mit Alpenpanorama zum Weiler **Briel** ❸. Auch der mit *rotem Kreuz* markierte Wirtschaftsweg zu den Häusern von **Trutzenweiler** ❹, 570 m, führt durch einen kleinen Waldflecken. Die Kreisstraße von Schmalegg querend kommen wir zum Pferdegestüt **Krähenhof** ❺. Nach einer kurzen Wiesenspur nehmen wir den Forstweg Richtung Horgenzell. Bald darauf geht es auf einem Wanderweg bergab und am Rand des Naturschutzgebietes »Schmalegger und Rinkenburger Tobel« über einen Bachsteg. Es folgt ein kleiner Gegenanstieg, dann erreichen wir, wieder auf

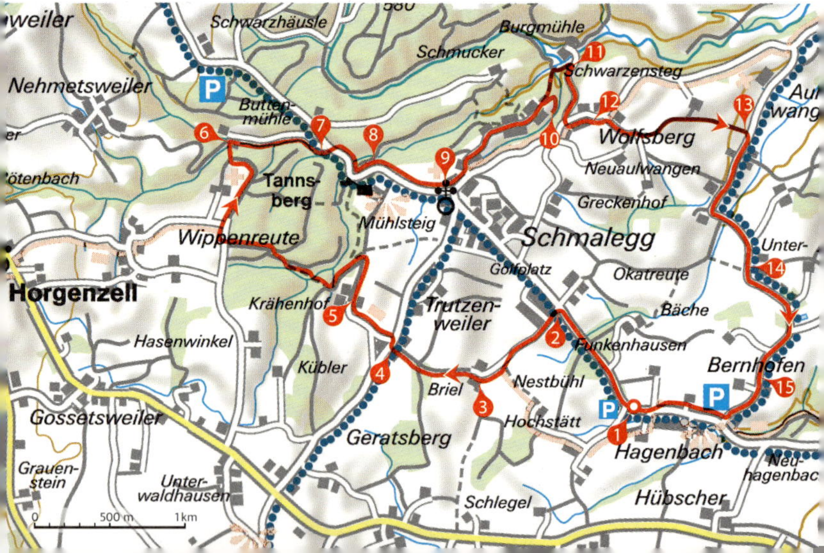

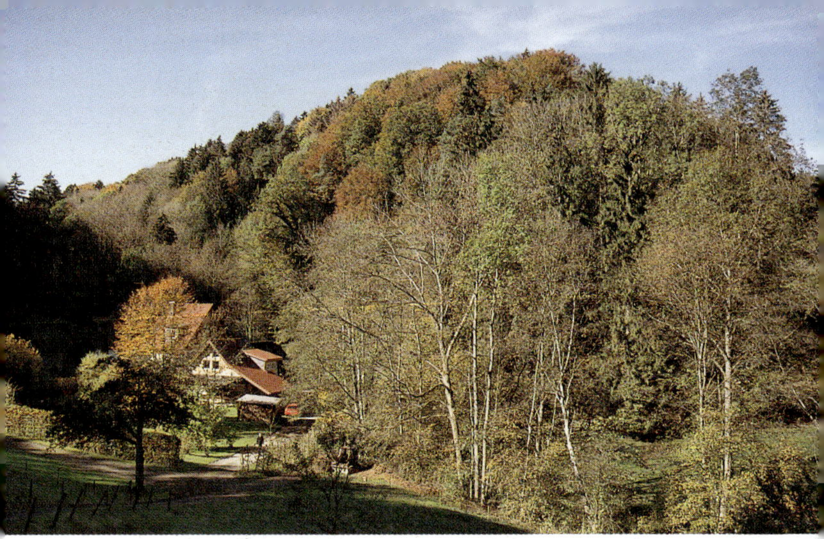

Einöde Schwarzensteg bei Schmalegg.

einem Forstweg, eine Einöde. Danach hält man sich Richtung Jägerhaus. Eine Wiesenspur am Waldrand wird erneut von einem Wanderweg abgelöst. Dieser leitet bergab zum Steg beim versteckten Anwesen **Buttenmühle** 6, 538 m. Wieder im Naturschutzgebiet, begleitet ein Fahrweg den kurvigen Buttenmühlebach durch einen unverfälschten Tobel zu einem **Wasserfall** 7. Hier wird die rückschreitende Erosion im Sandstein sichtbar. Nach der Steigung zum **Jägerhaus** 8 trifft man in **Schmalegg** 9, 567 m, ein. Wir spazieren am Bauhof vorbei und am Dorfrand auf einem Pfad zur ehemaligen **Burg Schmalegg** 10 auf dem Schlossbühl. Überreste der einstigen Stammburg des Minnesängers Ulrich von Winterstetten sind leider kaum mehr vorhanden. Zurück am Fuß des Schlossbühls führt ein Waldwanderweg hinunter zur Einöde **Schwarzensteg** 11, 500 m, mit Ziegen und Schafen. Ein Sträßchen steigt daraufhin spürbar an zum Ortsteil **Wolfsberg** 12, 560 m. Dort halten wir uns links und wandern hinter den letzten Häusern auf einem aussichtsreichen Feldweg nach **Aulwangen** 13, 502 m. Ein ruhiges Sträßchen führt in Richtung Hagenbach am **Untermeckenhof** 14 vorbei und bringt uns über **Bernhofen** 15 bald zurück zu unserem Ausgangspunkt in **Hagenbach** 1.

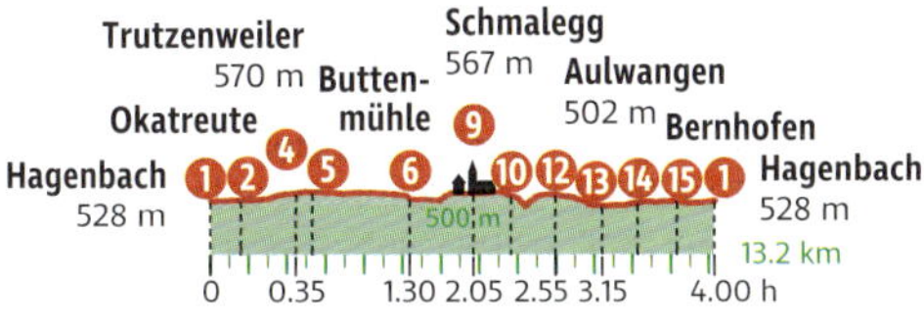

↗ 70 m | ↘ 70 m | 12.0 km

38 Meckenbeuren – Weiler

3.20 h

Ausspannen beiderseits der Schussen

Bevor sich die von Ravensburg herbeiströmende Schussen beim Eriskircher Ried ins Schwäbische Meer ergießt, teilt sie ein paar ausgedehnte Waldflächen mit einem großzügigen Wegeangebot. Eines dieser wertvollen Naherholungsgebiete wollen wir auf einer völlig steigungsfreien Spazierrunde nördlich von Meckenbeuren erkunden. Vielen ist dieses Dorf noch aus dem Lied »Auf d'r schwäb'sche Eisebahne« bekannt.

Ausgangspunkt: Bahnhof von Meckenbeuren (9 km nordöstlich von Friedrichshafen im Schussental), 415 m; Parkplatz. An der Zugstrecke Ravensburg – Friedrichshafen.

Anforderungen: Steigungsfreie, meist beschilderte Forstwege und kurze ruhige Sträßchen.

Einkehrmöglichkeit: Weiler (Mi. u. Do. ab 17 Uhr), Brochenzell.

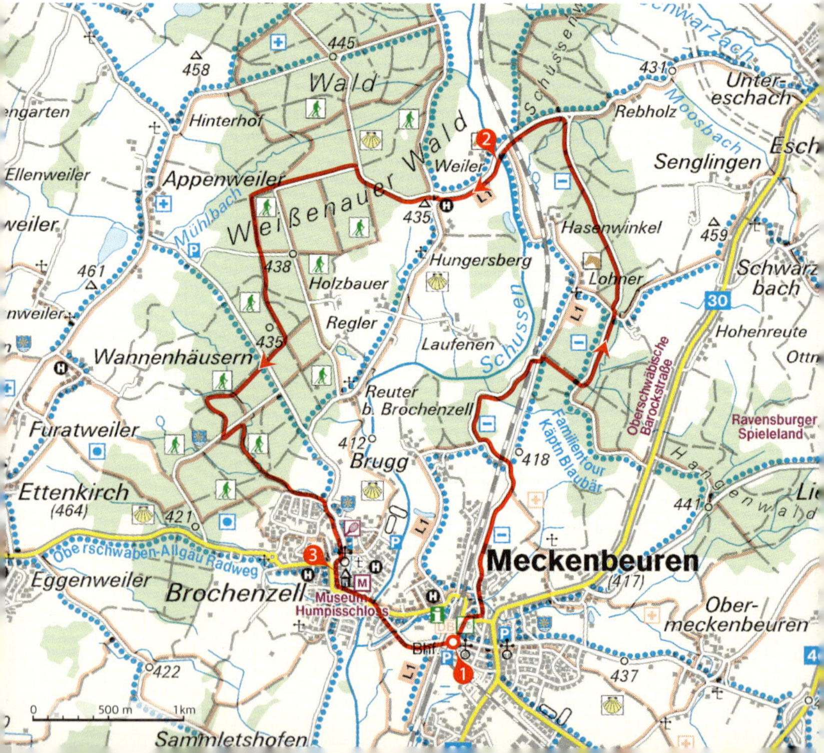

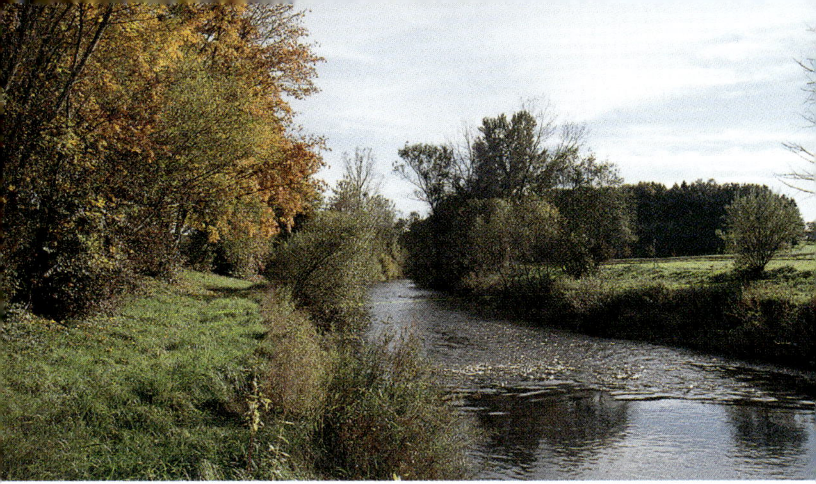

Am Schussenufer nördlich Meckenbeuren.

Die Gemeinde **Meckenbeuren** ❶ geht vermutlich auf »die Höfe Megis« zurück – Megi war 879 einer der ersten Siedler in dieser Gegend – und nahm durch die Eisenbahnverbindung zwischen Friedrichshafen und Ulm einen großen Aufschwung. An der Bahnbrücke folgen wir der Bahnhofstraße, bis wir in Richtung Brugg abbiegen können. Ein kaum befahrenes Sträßchen verläuft zwischen Obstplantagen, die Bahnlinie kreuzend, zu einem Rastplatz mit Unterstand am Waldbeginn.
Auf dem anschließend mit dem *blauen Balken* markierten Forstweg queren wir nochmals die Gleise und im weiteren Verlauf eine Straße. Eine anhaltende Erholungswanderung. Nach einer Jagdhütte schwenken wir links in die ruhige, von Eschach kommende Kreisstraße ein. Diese bringt uns, ein letztes Mal die Bahn querend, über die Schussen nach **Weiler** ❷, 420 m, mit großem Pensions-Pferdestall und Einkehrmöglichkeit.
Am Ende eines Hopfenanbaus entschwinden wir auf einem Forstweg Richtung Appenweiler, der nach einer Rechtskurve an einer Wegkreuzung links abknickt, in den weitläufigen Weißenauer Wald. Wir halten uns im weiteren Verlauf einfach an die Appenweiler Runde. Wie schon auf dem Hinweg so erwartet uns auch hier reines Ausspannen. Nach dem Kreuzen der nach Appenweiler führenden Kreisstraße begnügt man sich zwischendurch mit einem Waldweg. Im Brochenzeller Wald folgt man dem Jubiläumsweg und gelangt so über den Ortsteil **Brochenzell** ❸ zurück nach **Meckenbeuren** ❶.

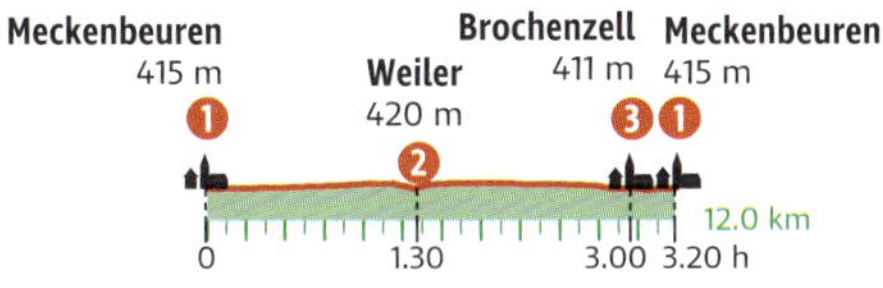

↗ 250 m | ↘ 250 m | 10.8 km

39 Laimnau – Reutenen

3.15 h

Schleichwege im Tettnanger Wald

Im Vergleich zu den völlig flachen westlichen Gebieten des Tettnanger Waldes wird der Ostteil durch ein recht lebendiges Profil geprägt. Diese ruhige Buckellandschaft reizt zu unterhaltsamen Streifzügen.

Ausgangspunkt: Bushaltestelle an der Schule in Laimnau, einem Stadtteil von Tettnang (östlich des Schussentals), 440 m; Parkplatz. Bus von Meckenbeuren über Tettnang.

Anforderungen: Ausreichend bezeichnete Wirtschafts- und Forstwege, Pfade und zuletzt ruhiges Sträßchen. Kurzer Steilaufstieg.

Einkehrmöglichkeit: Reutenen.

Über der Laimnauer Argenschleife.

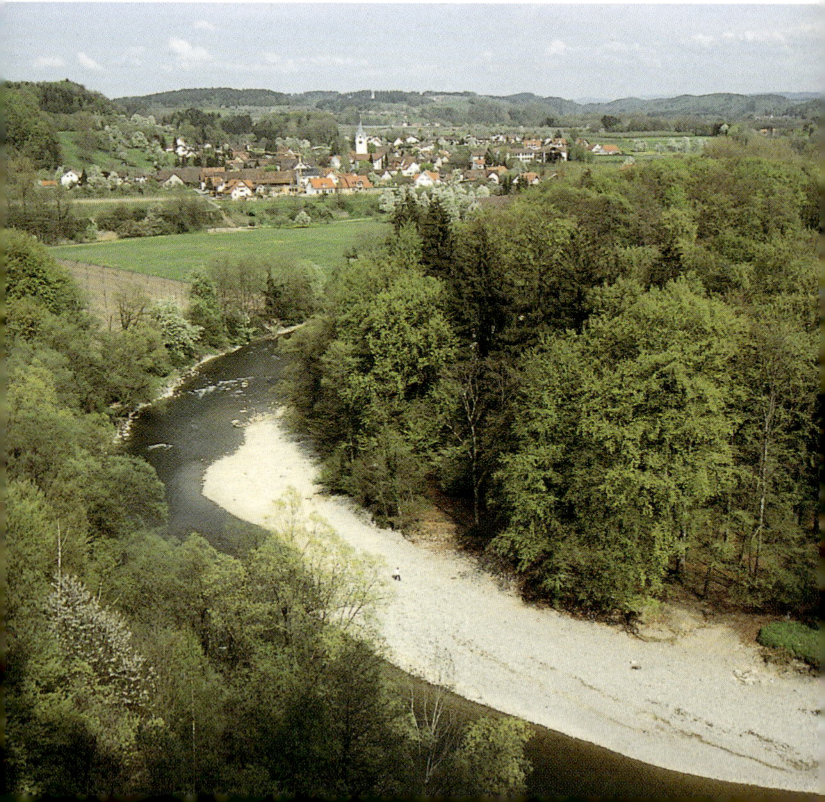

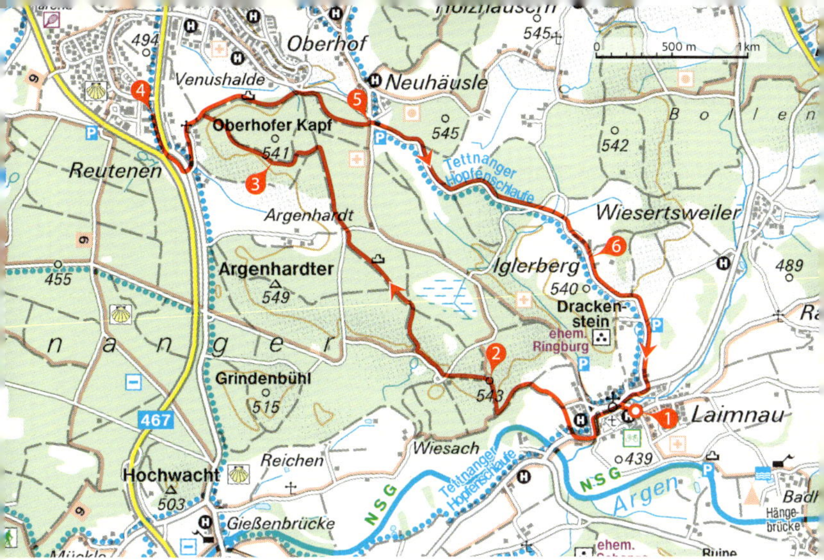

Der Wegweiser »AP Grafenholz« gibt uns bei der Schule in **Laimnau ❶** die Richtung an. Auf der Argentalstraße an der Kirche vorbei durchqueren wir das Dorf. Vom Ortsende führt ein Feldweg zu einem Hopfenanbau. Der mit *gelber Raute* bezeichnete, über einer Argenschleife ansteigende Waldweg wechselt in einen Pfad, der uns zuletzt zum Aussichtspunkt **Grafenholz ❷**, 543 m, noch ein paar Schweißtropfen abverlangt. Auf der einsamen Waldeshöhe erfreut uns ein überraschend schöner Dorf-Tiefblick.

Richtung Schussenreute wandern wir talwärts und schwenken rechts in einen flachen Forstweg ein, der bald Richtung Oberhofer Kapf beschildert ist (an nächstem Wegdreieck links halten). Ab der Lichtung mit der nahen Einöde Argenhardt überqueren wir auf Pfadabschnitten (*gelbe Raute* beachten) den **Oberhofer Kapf ❸**, 528 m, und bummeln bergab zum Stadtteil **Reutenen ❹**, 470 m, wo am Ortsende ein Wirtshaus zur Stärkung einlädt.

Nun geht es auf dem vorhin benutzten Anliegersträßchen zurück zu einer Anhöhe. Dort öffnet sich der Blick nach Tettnang. Auf einem Waldweg, später auf einem Pfad wandert man mit deutlicherem Schlussaufstieg zur Siedlung **Neuhäusle ❺**, 528 m. Dort folgt man dem anfangs nach Tannau beschilderten Natursträßchen, später durch ein weiteres Waldgebiet zum Weiler **Iglerberg ❻**, 520 m. Ein geruhsames Sträßchen bringt uns schließlich wieder talwärts nach **Laimnau ❶**.

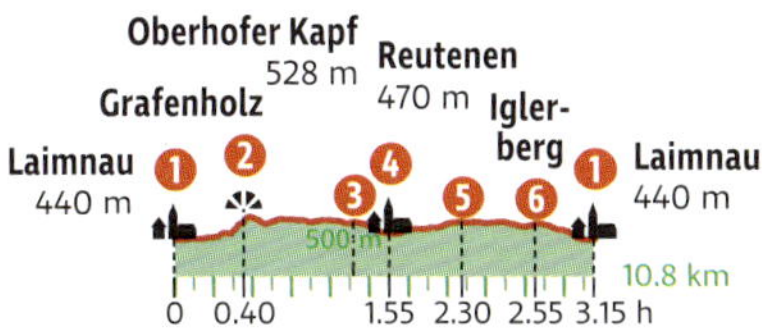

TOP

40

↗ 280 m | ↘ 280 m | 16.4 km

4.15 h

Oberlangnau – Langensee – Flunau

Wo die Argen das Allgäu verlässt

Das durchs Westallgäu oftmals schluchtartig eingezwängte, weitgehend geschützte Tal der Argen weitet sich bei Steinenbach: ein glanzvolles Stück Oberschwaben! Unser Tourenziel ist der in Eiszeitmoränen eingebettete Langensee mit seiner geschützten Verschiedenheit an Lebensräumen: Flachmoore und Zwischenmoorstadien, Röhrichtzonen und Quellsümpfe, Streuwiesen und Gebüschzonen.

Ausgangspunkt: Bushaltestelle am Rathaus von Oberlangnau, einem Ortsteil von Tettnang, 450 m; Parkplatz. Bus von Meckenbeuren über Tettnang.

Anforderungen: Meist gut beschilderte, kaum befahrene Sträßchen, Forst- und Wirtschaftswege, kurze, teils etwas verwachsene Pfade. Zwei steilere Anstiege.

Am Rathaus im Ortsteil **Oberlangnau** ❶ gehen wir Richtung Steinenbach und zweigen hinter der Argenbrücke auf das verkehrsfreie, am geschützten Flussufer verlaufende Sträßchen nach **Wellmutsweiler** ❷ ab. Kaum spürbar steigt die Fahrbahn an zum Nachbarort **Rappertsweiler** ❸, 495 m. Weiter geht es über Obstwiesen und an Hopfenfeldern vorbei Richtung Neukirch. Die Kreisstraße von Steinenbach querend und in einer Talsenke den Westteil des Naturschutzgebietes »Kreuzweiher – Langensee« mit verstreutem Erlenbruch passierend halten wir uns an die Beschilderung nach Wittenberg.

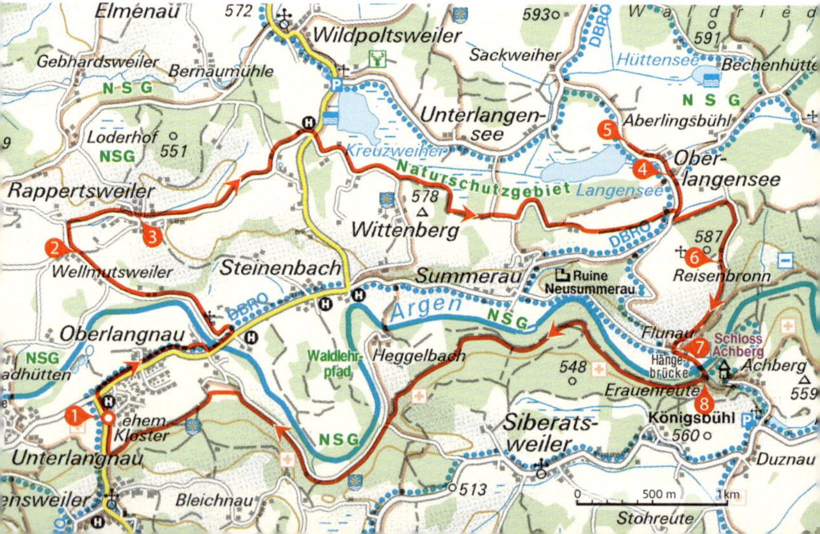

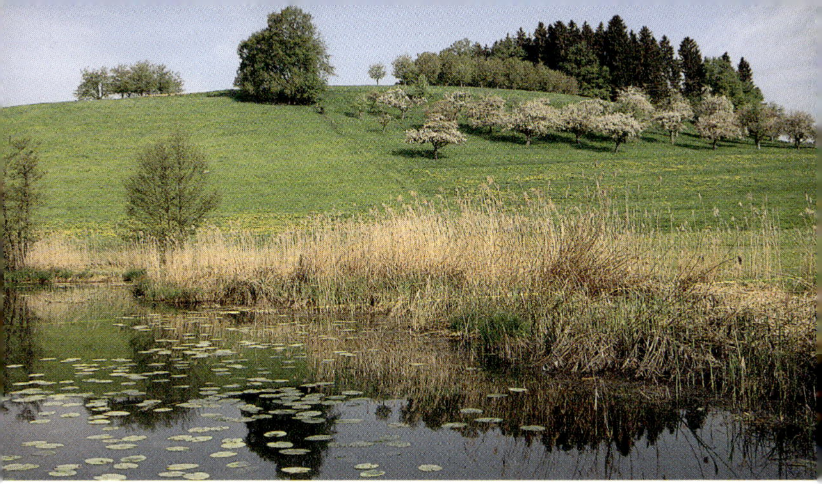

Der geschützte Langensee verlockt zu einer ausgiebigen Tourunterbrechung.

Kurz vor diesem Ort lenkt die Tafel »Oberlangensee« auf eine Waldwegroute. Nach einem ganz kurzen Straßenstück weiterhin diese Auszeichnung beachtend bringt uns ein Wirtschaftsweg zu einem Einödhof, von dem eine Traktorspur in eine Wiesensenke führt. Anschließend gelangt man bergan nach **Oberlangensee** 4 und auf schmaler Straße zum willkommenen Rastplatz am nahen **Langensee** 5, 541 m, am Ostende des Naturschutzgebietes.

Nach einer idyllischen Pause schlendern wir zurück nach **Oberlangensee** 4. In der bekannten Wiesensenke folgen wir dem abbiegenden Waldweg und schwenken später in das steigende Sträßchen zum Einödhof **Reisenbronn** 6, 565 m, ein. Ein abschnittsweise undeutlicher Pfad leiten nun hinab nach **Flunau** 7, 480 m. Dort trägt uns Richtung Schloss Achberg der **Argen-Hängesteg** 8 ans jenseitige Ufer. An steilen Waldhängen entlang wandern wir jetzt auf einem mit *rotem Kreuz* bezeichneten Pfad, später auf einem Forstweg, lange Zeit flussabwärts. Die Beschilderung des Jubiläumswegs lenkt zuletzt auf einen Waldlehrpfad, der über eine Kuppe zurück zum Ausgangspunkt in **Oberlangnau** 1 führt.

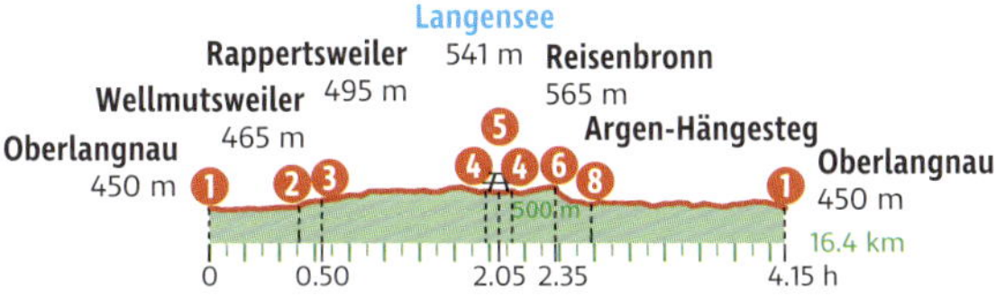

↗ 180 m | ↘ 180 m | 11.7 km

41 Bodnegg – Eggenhütte

2.45 h

Verspielte oberschwäbische Kleinlandschaft

Ein besonders ergötzlicher Abschnitt des Main-Donau-Bodensee-Wegs führt von Bodnegg durchs oberschwäbische Moränenland zur Eggenhütte. Was für eine Freude, auf solchen sich jeder Bodenunebenheit anpassenden Wald- und Wiesenpfaden dem Charakter eines Gebietes nachzuspüren! Überall regt die Handschrift des Eiszeitgletschers zum Nachdenken an. Auf dem Rückweg durch eine verspielt wirkende, quellenreiche Kleinlandschaft fallen die zum Teil eng aneinandergedrängten Weiler und Einöden unterschiedlichen Namens auf.

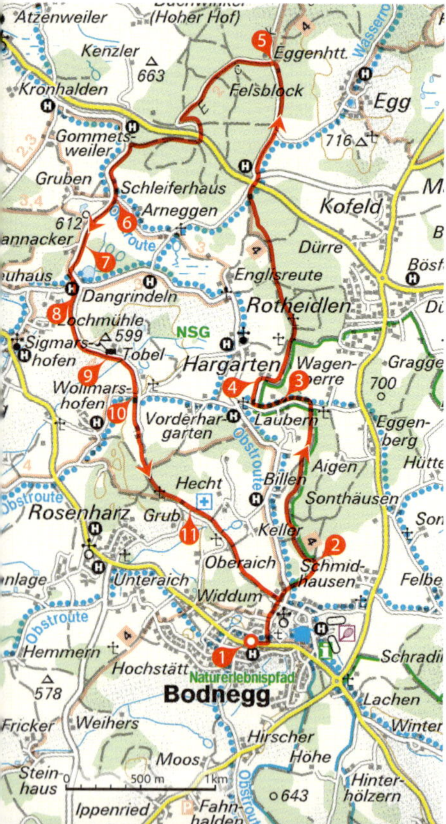

Ausgangspunkt: Bushaltestelle am Ristorante Engel in Bodnegg, 600 m; Parkplatz. Bus von Ravensburg.
Anforderungen: Vorwiegend bezeichnete Pfade, Forst- und Wirtschaftswege, stille Sträßchen. Kleine Steigungen.
Einkehrmöglichkeit: Tobel (nur Sonntagnachmittag).

Wir nehmen am Ristorante Engel in **Bodnegg** ❶ den Fußgängerweg hinauf zu der auf einem Moränenhügel weit ins Land hinaus grüßenden Barockkirche. Der *rote Balken* des HW 4 Richtung Laubern weist den weiteren Kurs auf einem Wiesenwanderweg mit Bergblick zum Weiler **Schmidhäusen** ❷, 650 m. Dort schwingt sich ein Waldpfad empor zu einer Anhöhe, wo sich bei den Häusern von Billen ein Silberstreif des Bodensees zeigt.
Wir wandern auf einem Sträßchen bergab nach **Laubern** ❸, 657 m, und folgen ab der benachbarten Einöde **Neuhaus** ❹ einem Waldweg, zwischendurch einem Pfad, in leichtem Auf und Ab. Nachdem wir die B 32 gequert haben (Vor-

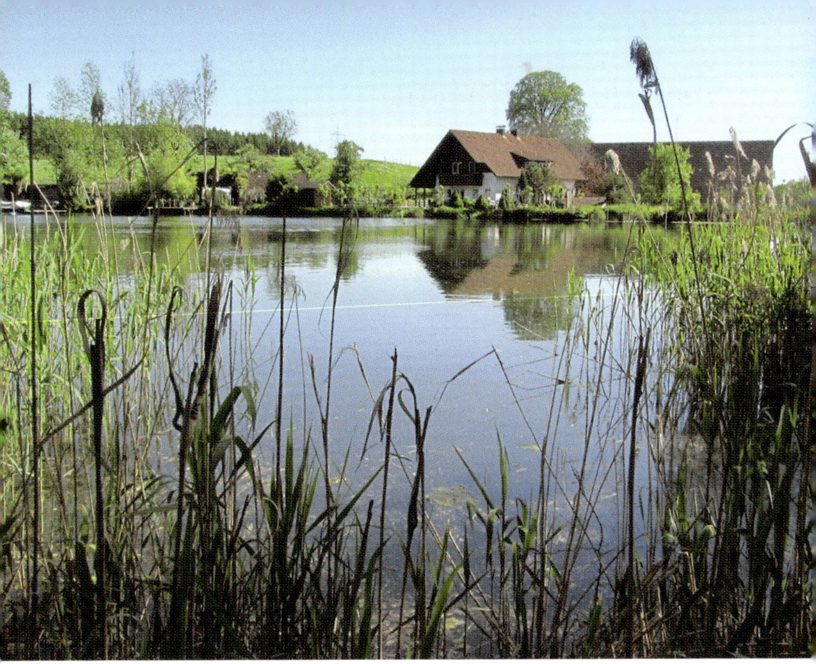

Erst auf den zweiten Blick zu entdecken: der Weiher in Dangrindeln.

sicht!), bringt uns ein Forstweg zur **Eggenhütte** 5, 660 m. Bei dieser bietet sich ein Rastplatz für eine gemütliche Rucksackbrotzeit an.

Auf dem Rückweg führt der Rundwanderweg 2 unter der Bundesstraße hindurch und bergab zu einer verkehrsfreien Straße, die uns – wieder die Alpenkette vor der Nase – links zu den Anwesen von Wallerhaus und **Schleiferhaus** 6, 610 m, leitet. Hinter **Tannacker** 7 geht es in der Einöde **Dangrindeln** 8 an einem verborgenen Weiher vorbei und über hügeliges Wiesenland nach **Tobel** 9, 580 m. Im Weiler **Wollmarshofen** 10 quert man eine Straße und schlendert auf einem Wirtschaftsweg (nicht links abzweigen!) an den Häusern von **Grub** 11 vorbei zurück zu unserem Ausgangspunkt in **Bodnegg** 1.

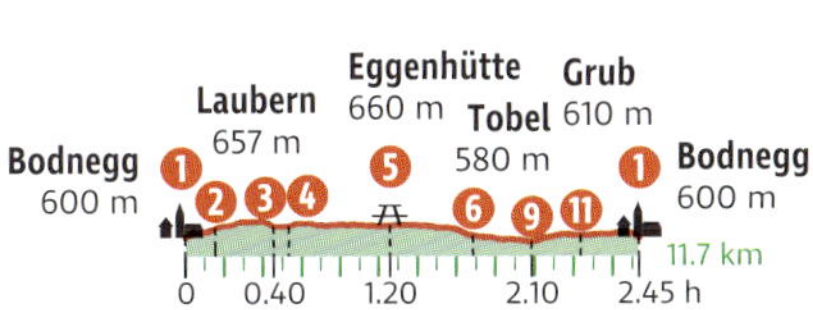

↗ 40 m | ↘ 40 m | 9.8 km

42 Neukirch – Mahlweiher

2.45 h

Verlandete Seen und ein Hexenhäuschen

Zwischen Neukirch und Amtzell lädt der Mahlweiher, über dem die einstige Burg der adeligen Herren von Ebersberg thront, zu einem erfrischenden Bad. Unterwegs dorthin kommen wir an zwei Naturschutzgebieten vorbei. Sowohl der Igelsee wie auch der Gemsenweiher sind zwar längst verlandet, doch die beiden Feuchtsenken weisen eine große Vegetationsvielfalt auf, die noch botanische Relikte aus der Eiszeit beherbergt und so manchen Vogelarten eine Brut- und Nahrungsstätte bietet. Am Rückweg kann man das einzigartige Hexenhäuschen des unvergessenen Holzschnitzers und Hinterglasmalers Melchior Setz bewundern.

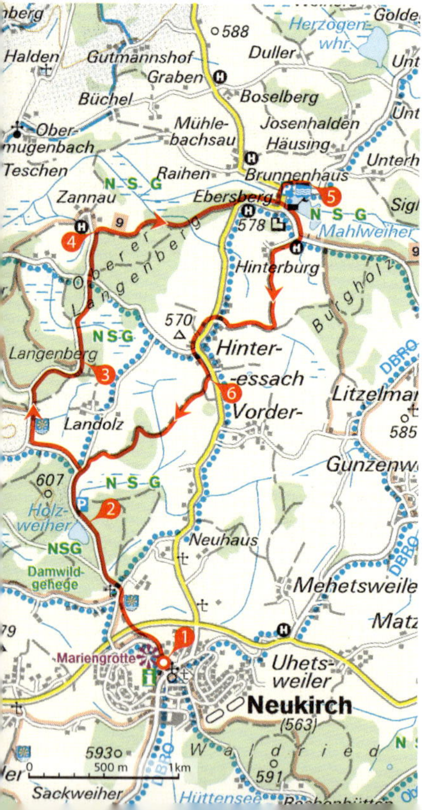

Ausgangspunkt: Bushaltestelle bei der Kirche in Neukirch, 10 km östlich von Tettnang, 563 m; Parkplatz. Bus von Wangen.
Anforderungen: Vorbildlich bezeichnete Forst- und Wirtschaftswege, verkehrsfreie Sträßchen, kurze Pfade.
Einkehrmöglichkeit: Ebersberg (Mahlweiher).

Wir folgen von der Kirche in **Neukirch** ❶ der Tettnanger Straße Richtung Holzweiher, bis das Wandertäfelchen »Jubiläumsweg Bodenseekreis« durch die Unterführung der Ortsumgehungsstraße lenkt. Ein Wiesenpfad führt zu einem kleinen Ortsteil und von dort ein verkehrsfreies Sträßchen (Jubiläumsweg) durch einen Waldflecken zum **Holzweiher** ❷, 570 m.
An einem kurzen Tobel und der Schilfsenke des Naturschutzgebietes Igelsee entlang halten wir uns weiterhin an den Jubiläumsweg. Über sanft gewelltes Wiesenland geht es zu einem Einzelanwesen, wo uns ein Forstweg aufnimmt. Wenig später schwenken wir in den HW 9 Richtung Ruine Ebersberg ein,

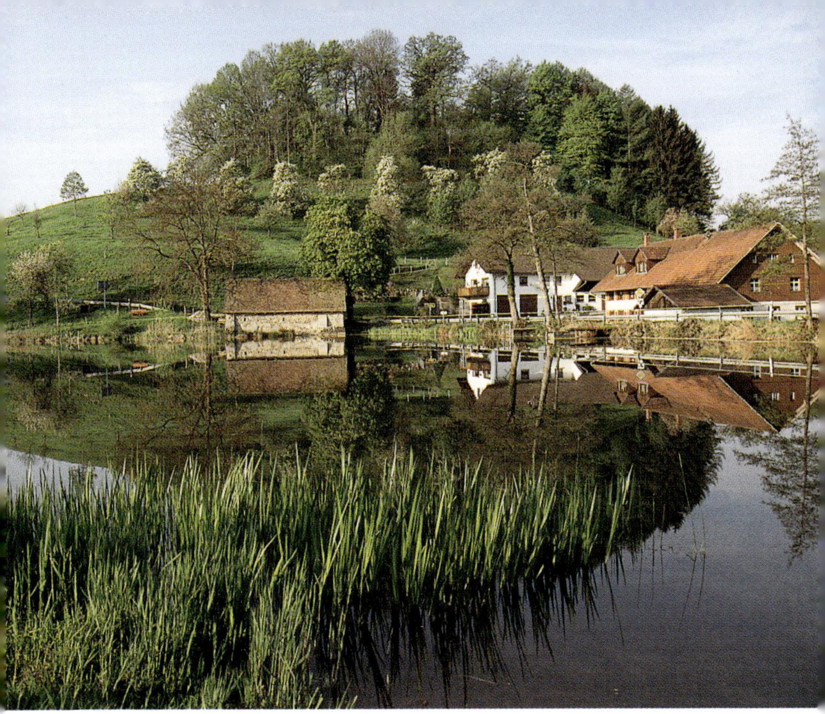

Naturschutzgebiet Mahlweiher mit dem Weiler Ebersberg.

den Allgäu-Heuberg-Weg. Gleich nach der **Theo-Maucher-Hütte** ❸, einer kleinen Forsthütte, kommen wir auf einer Lichtung zum Naturschutzgebiet Gemsenweiher. Nun geht es auf einem Sträßchen zum Weiler **Zannau** ❹, 540 m, und rechts wieder auf einem Forstweg nach Ebersberg und zum traumhaft gelegenen, größtenteils schilfumschlossenen Naturschutzgebiet **Mahlweiher** ❺, 540 m.

Wir folgen nun noch kurz dem HW 9 und wandern nach einer Straßenverzweigung auf einem Feldweg nach **Hinteressach** ❻, 562 m. Ab dem Hexenhäuschen am südlichen Ortsende, einem liebevoll künstlerisch bemalten und mit vielen Schnitzfiguren verzierten Privathaus, leitet ein amüsant kurviger Waldweg leicht bergan zurück zum **Holzweiher** ❷. Von dort ist es nur noch ein Katzensprung zurück zu unserem Ausgangspunkt in **Neukirch** ❶.

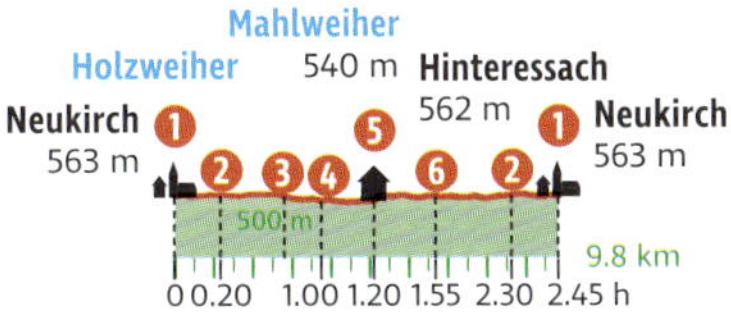

↗ 70 m | ↘ 70 m | 17.0 km

43 Niederwangen – Schwarzenbach – Blauer See

4.15 h

Im württembergischen Westallgäu

Der Blaue See ist eine Perle der vielfältigen Westallgäuer Landschaft. Dieses Toteisloch entstand durch das Ausschmelzen eines vom Rheinvorlandgletscher abgetrennten Eisblocks, der lange im Moränenschutt konserviert lag.

Ausgangspunkt: Bushaltestelle an der Kirche im Wangener Ortsteil Niederwangen, 551 m; Parkplatz am Dorfeingang. Bus von Wangen.

Anforderungen: Meist gut bezeichnete Forst- und Feldwege, kaum befahrene Sträßchen, kurzer Pfad. Kleine Steigungen.
Einkehrmöglichkeit: Schwarzenbach.

Von der Kirche in **Niederwangen** ❶ leitet ein Fußgängerweg durch die Unterführung der B 18. Hinter der Argenbrücke lenkt das rote Kreuz rechts auf einen Feldweg. Über Wiesen geht es flussabwärts nach **Jussenweiler** ❷, 545 m. Dort folgt auf stillem Sträßchen ein Aufschwung zur Einöde Welsches. Direkt benachbart sind Paulshof und **Moorhaus** ❸, 555 m. Über reizvolles Hügelland passieren wir die Anwesen **Schuppenberg** ❹ und Füßinger und queren den Schwarzenbach nach **Untermooweiler** ❺, 545 m. Kurz Richtung Engetsweiler haltend zweigen wir auf ein Privatsträßchen ab und streben ab einem Einzelhaus auf einem Waldweg **Schwarzenbach** ❻, 520 m, entgegen. Man erreicht diesen Stadtteil an der Oberen Argen, die Kreuzmarkierung beachtend, zuletzt auf einem Pfad am Waldrand.

Wir folgen dem Wegweiser »Grub« und verlassen die Durchgangsstraße über die holzgedeckte Argenbrücke in Richtung Neukirch. Ab **Grub** ❼ zeigt uns das *blaue Kreuz* den Kurs Richtung Primisweiler. Nach einer Forstwegsteigung geht es unter der Autobahn hindurch. Der Wegweiser »Rhein« leitet links auf einen unbeschilderten Waldweg, dann durch eine Schranke zum idyllischen, überwiegend von Wald umgebenen Badeziel **Blauer See** ❽, 538 m.

Zurück auf der Hauptroute hält man sich weiterhin an den Forstweg, der beim Mittelsee die Kreisstraße von Primisweiler kreuzt und mit »Wanderweg 11« ausgeschildert ist. In **Mittenweiler** ❾, 545 m, ist

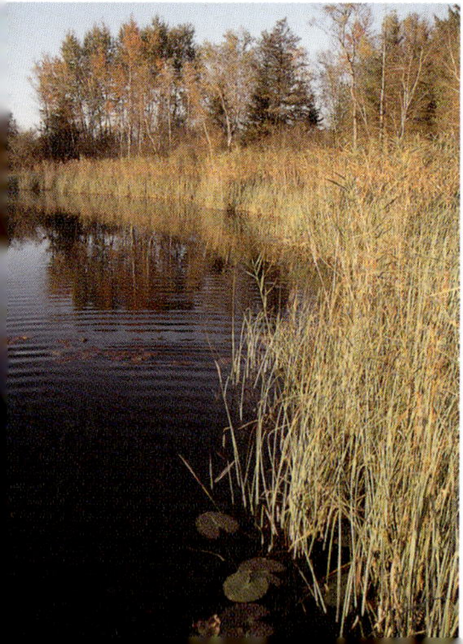

Im württembergischen Allgäu versteckt sich südlich der Kleinstadt Wangen der Blaue See.

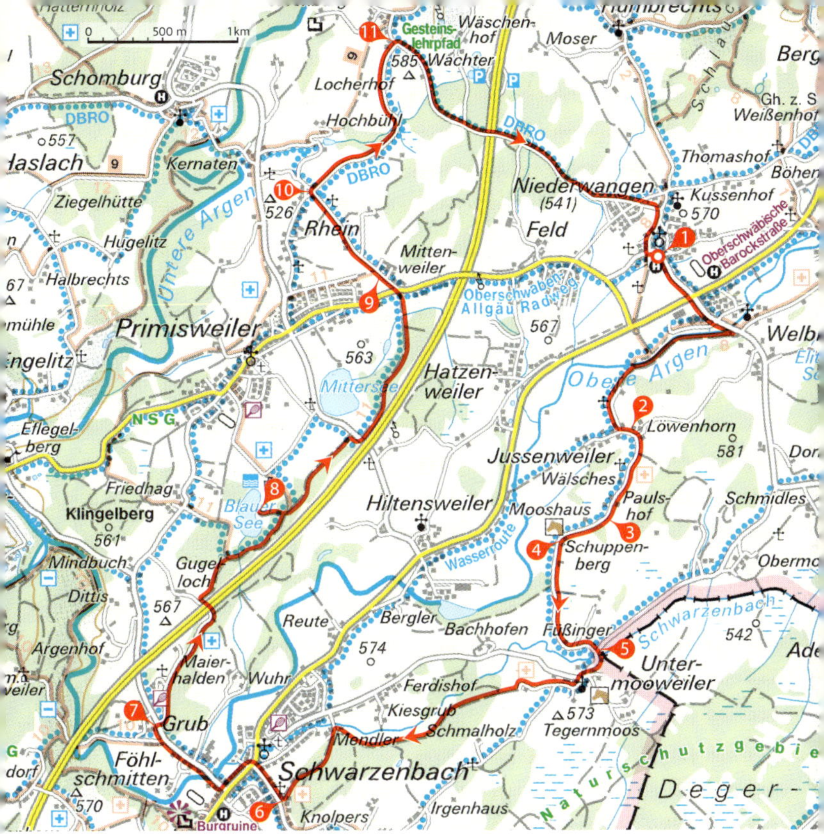

vorsichtig die Landstraße zu queren, dann spaziert man auf einem kaum befahrenen Sträßchen am Rheinödhof vorbei geradeaus nach **Rhein** ⑩. Mit Säntisblick gelangt man zu den Häusern von **Ettensweiler** ⑪, 575 m, und auf dem Radwanderweg R 1 zurück zum Startpunkt in **Niederwangen** ❶.

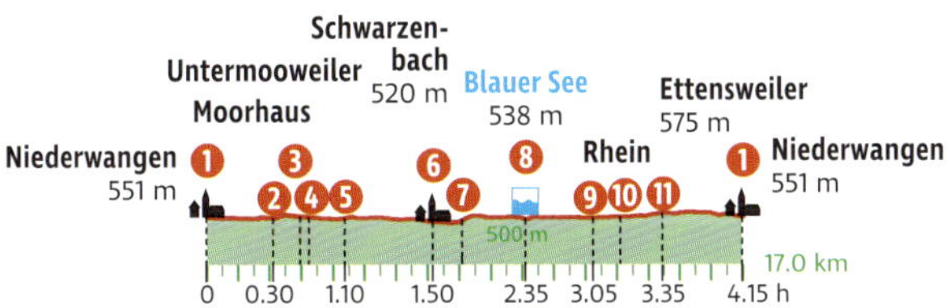

↗ 90 m | ↘ 90 m | 11.1 km

44 Stockenweiler – Mietzlings – Rupolz

3.15 h

An der unverfälschten Leiblach

Unnachgiebig hat sich die munter dem Bodensee zustrebende Leiblach am Rand des Westallgäus im Lauf der Zeit durch die Molasseschichten gefressen. Bei Stockenweiler ist dabei ein tobelartiger Talabschnitt entstanden, der bis heute seine naturnahe Ausstrahlung bewahrt hat.

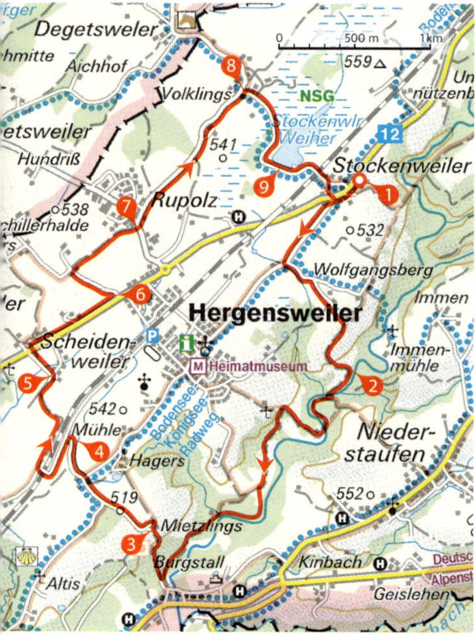

Ausgangspunkt: Bushaltestelle in Stockenweiler, einem Ortsteil von Hergensweiler, 540 m; im Restaurant Lanz um Parkerlaubnis fragen. Bus von Wangen.
Anforderungen: Meist gut bezeichnete Feld- und Waldwege, Pfade und ruhige Sträßchen. Mittelsteiler Anstieg.
Einkehrmöglichkeit: Mit einem kleinen Abstecher in Hergensweiler.

Wir gehen von der Bushaltestelle in **Stockenweiler** ❶ durch den Ort und folgen der Radroute in Richtung Lindau. Bei zwei kleinen Häusern spazieren wir auf einem stillen Sträßchen an einem Bächlein zum Ortsteil **Wolfgangsberg** ❷, 520 m, wobei wir uns an einer Gabelung rechts halten. Das gelb-weiße Wanderschild weist auf einen abwärts führenden Feldweg. Nach einer Fußgängerbrücke schlendern wir auf einem Pfad an der bewaldeten Leiblach abwärts Richtung Hergensweiler. Schon nach Kurzem trägt uns eine weitere Brücke zurück ans westliche Ufer. Wir benützen nun die als »Jakobus-Pilgerweg« ausgeschilderte Route.
Nach einem kleinen Stück auf einem steigenden Anliegersträßchen ist der wieder gewohnt verträumte Uferpfad nach Mietzlings gekennzeichnet. Zwischendurch wechselt der Kurs in einen Waldweg und quert einen seitlichen Zufluss, bevor auf der Hergensweiler Route der Aufstieg nach **Mietzlings** ❸, 508 m, ansetzt.

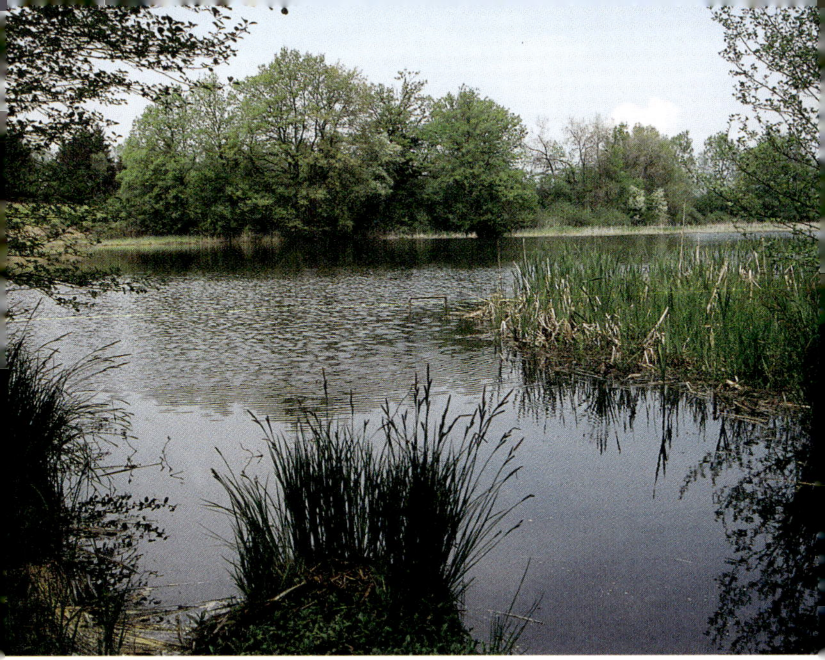

Auch zum Baden geeignet: der Stockenweiler Weiher, ein Naturschutzgebiet.

Ab dem Weiler auf einem Sträßchen geradeaus und Richtung Mollenberg an einem schmalen Bach nach **Lerchenmühle** 4 begegnet man nur selten einem Auto. Mit Pfänderblick quert man die Bahn, wandert gleich danach rechts auf einem Feldweg nach **Scheidenweiler** 5, 530 m, und Richtung Oberholz durch die Unterführung der B 12. Dahinter halten wir uns rechts und folgen im weiteren Verlauf dem Fußgängerweg nach **Hergensweiler** 6, 530 m, wo wir nach Schillers abbiegen. Weiter geht es rechts auf einem Feldweg zum Weiler **Rupolz** 7, 545 m.
Von **Volklings** 8 aus ist es nicht mehr weit – am geschützten **Stockenweiler Weiher** 9 vorbei – nach **Stockenweiler** 1.

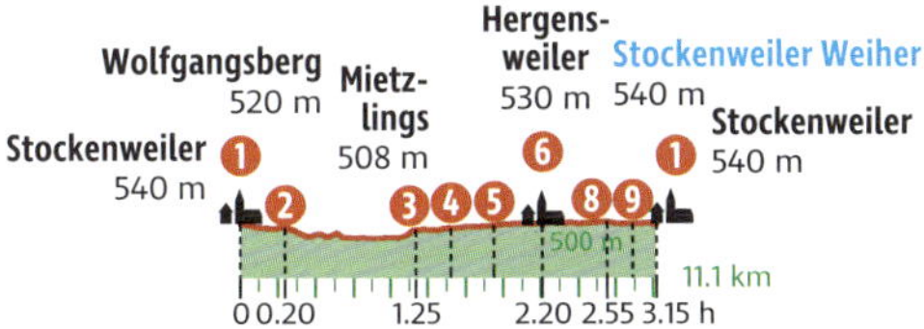

↗ 320 m | ↘ 320 m | 9.8 km

45 Weienried – Möggers – Höflings

2.45 h

Lockere Vorarlberger Höhenwanderung

Im nördlichsten Winkel Vorarlbergs hat die Gemeinde Möggers eine lohnende Rundwandermöglichkeit durch die dünn besiedelte, mittelgebirgsartige Gegend hoch über dem Leiblachtal, nahe dem Pfänder, ausgeschildert. Über die sonnigen und aussichtsreichen, vom Weidevieh in Anspruch genommenen Höhen beiderseits der Riedbachsenke kann man sich auf beschaulichen Wegen in bester Luftqualität ausgezeichnet entspannen.

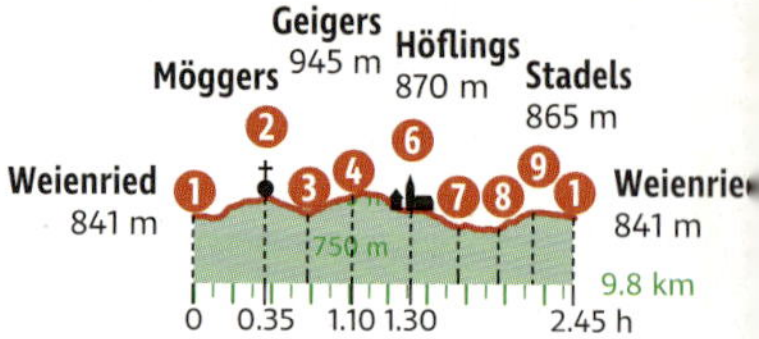

Ausgangspunkt: Bushaltestelle am Gemeindehaus in Weienried (an der Straße Scheidegg–Bregenz), 841 m; Parkplatz. Bus von Lindau.
Anforderungen: Gut bezeichnete Güterwege, Pfade und verkehrsfreie Sträßchen, kurze weglose Weidequerungen. Leichte Anstiege.
Einkehrmöglichkeit: Höflings (kleiner Pfadabstecher).

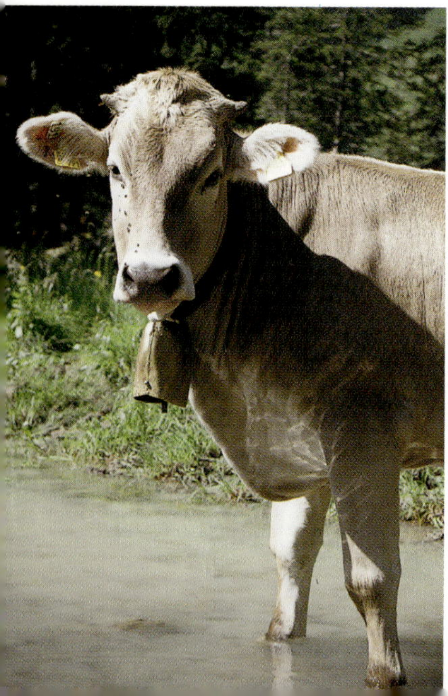

Wir gehen vom Gemeindehaus in **Weienried** ❶ erst einmal hinein ins Dorf. Am Ortsende lenkt die *gelbweiße* Markierung auf den Waldweg Richtung Pfänder. Ein Steg trägt uns über den Riedbach. Anschließend steigt ein Pfad, später eine Weidespur bergan zu dem auf der Westseite eines Höhenzugs gelegenen Dorf **Möggers** ❷, 935 m.
Auf dem Güterweg Richtung Geigers geht es nun weiterhin über Viehweiden durch die **Riedbachsenke** ❸. Der anschließend mit »Hörbranz« ausgewiesene Feldweg über die Kuppe von **Geigers** ❹, 945 m, beschert eine weitreichende Aussicht zum Bodensee und ausgeprägten Säntismassiv. Nach dem Einödhof **Großen** ❺ überqueren wir

Jungvieh-Schellenklang belebt unsere Vergnügungsrunde.

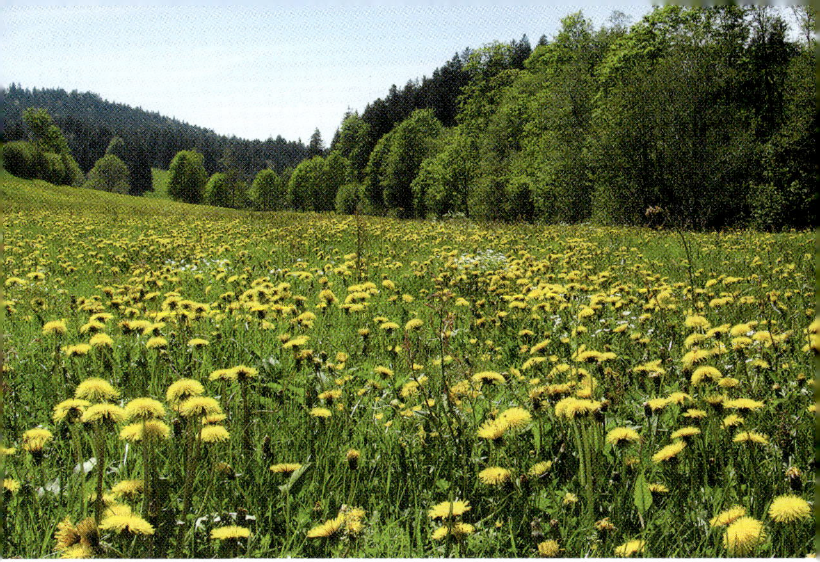

In der Riedbachsenke bei Möggers.

eine Straße und wandern, ab einem Stall auf einem flachen und verkehrsfreien Sträßchen, zur Parzelle **Höflings** 6, 870 m, wo nicht weit von der Route eine Einkehr wartet.

Ab dem kleinen Ramsacher Weiher senkt sich unser unbeschwerter Rundkurs zum Anwesen **Finken** 7, 785 m. Daraufhin spazieren wir am Hang entlang durch einen Waldflecken nach **Rucksteig** 8, 781 m. Dort folgen wir kurz der Straße Richtung Möggers-Dorf und entscheiden uns ab dem Ortsende für den ansteigenden Feldweg zur Parzelle **Stadels** 9, 865 m. Nach einer weglosen, aber beschilderten Weidequerung kehrt man auf einem Waldpfad zurück nach **Weienried** 1.

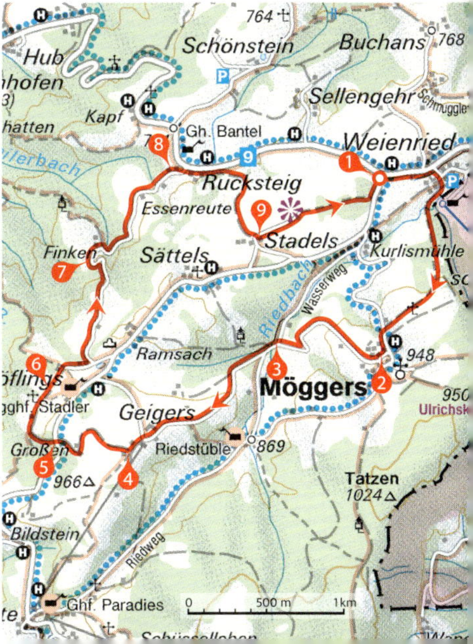

↗ 300 m | ↘ 300 m | 13.3 km

46 Lindenberg – Opfenbach

3.45 h

Aus der Stadt durch Hangwälder talwärts

Nicht nur im Allgäu ist es eine große Seltenheit, dass man von einer hoch gelegenen Stadt talwärts wandern kann. Lindenberg im bayerischen Westallgäu, der Ursprungsort der Mitte des 18. Jahrhunderts entstandenen Hutindustrie, kann diesen Wanderservice bieten.

Ausgangspunkt: Busbahnhof in der Sedanstraße in Lindenberg im Allgäu, 761 m; Parkplatz Richtung Stadtmitte. Bus von Lindau oder Oberstaufen, Bahn von Kempten.
Anforderungen: Durchwegs gut beschilderte und markierte Forst- und Wirtschaftswege, verkehrsfreie Sträßchen, kurzer Hohlweg. Längerer mittelsteiler Aufstieg.
Einkehrmöglichkeit: Waldsee-Hotel, Opfenbach.

Beim Busbahnhof von **Lindenberg** ❶ gehen wir Richtung Lindau und nehmen an der Evangelischen Kirche den Waldseeweg. Im weiteren Verlauf führt ein meist schattiger Spazierweg über eine Bachbrücke und, an der Kneipp-Anlage geradeaus haltend, an reizvollen Mäandern entlang zum malerischen **Waldsee** ❷ mit Bad. Wir beachten die Tafel »Allmannsried«

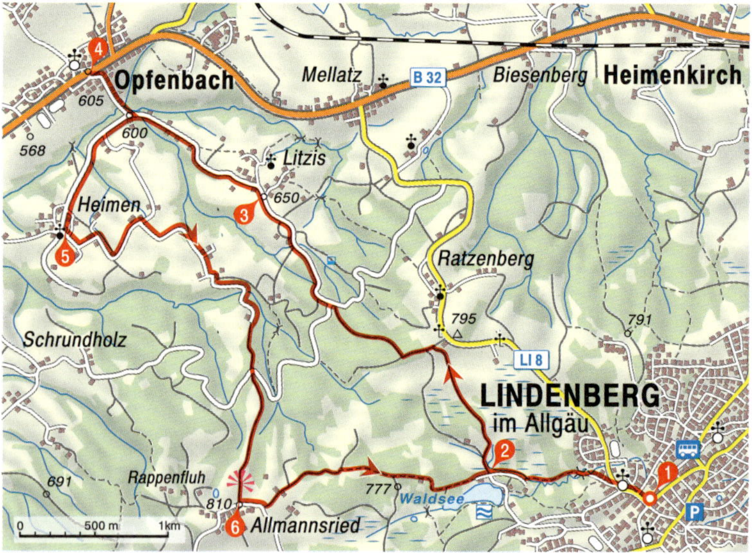

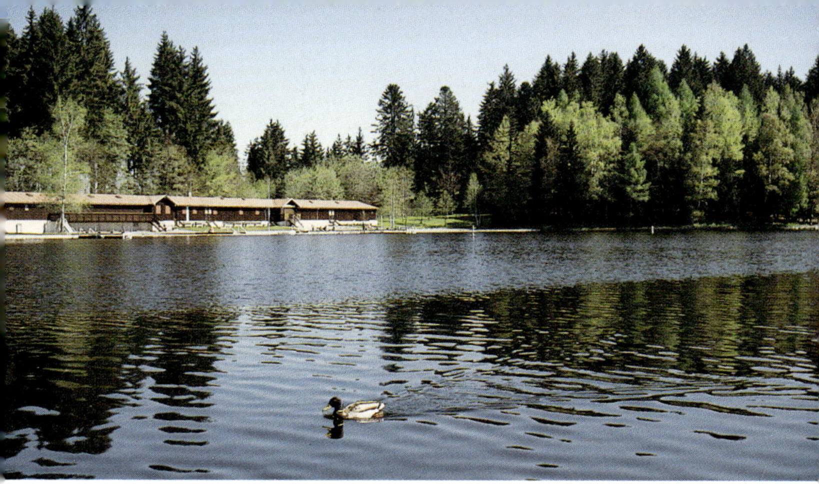

Zu einer ersten Tourenunterbrechung verleitet der Lindenberger Waldsee.

und folgen an der nächsten Kreuzung dem nach Litzis leitenden Wirtschaftsweg. Ab der Wegteilung bei einem Bauernhof wandern wir auf einem Forstweg beschwingt durch einen Hangwald hinunter nach **Litzis** ❸, 650 m. Der weitere Talkurs setzt sich auf einer verkehrsfreien Straße fort, die nach einer Bachquerung mit unbedeutendem Gegenanstieg nach **Opfenbach** ❹, 605 m, führt, wo man sich für den Rückweg stärken kann. Zurück am Bach wählen wir die Abzweigung nach **Heimen** ❺, 600 m. Wir halten uns an der geschindelten Kapelle an das verkehrsfreie und nur mäßig steigende Sträßchen Richtung Allmannsried. Nach einem Bachtobel leitet ein Aufschwung zu einem Einödhof. Der nun deutlich steigende Waldweg verschlechtert sich ab einer Kreuzung zum schmalen Hohlweg. Von dessen Ende gewinnt man eine weite, durch die Hochspannungsleitung leider etwas getrübte Aussicht über das Westallgäuer Moränenland. Ab **Allmannsried** ❻, 810 m, gehen wir auf einem Feldweg, der später zum Wanderweg wird, abwechselnd durch Wald und über Feuchtwiesen zurück zum **Waldsee** ❷. Dort nehmen wir die bekannte Route nach **Lindenberg** ❶ auf.

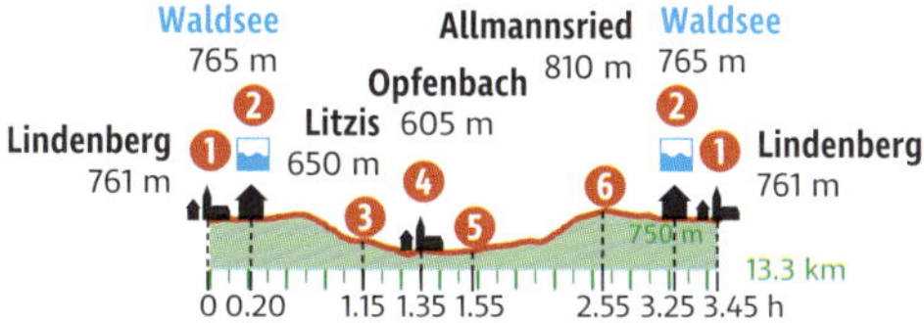

↗ 60 m | ↘ 60 m | 8.3 km

47 Weiler – Rothachsteg

2.10 h

Behagliches Westallgäuer Flusstal

Nicht nur im Allgäu ist es eine große Seltenheit, dass man von einer hoch gelegenen Stadt talwärts wandern kann. Lindenberg im bayerischen Westallgäu, der Ursprungsort der Mitte des 18. Jahrhunderts entstandenen Hutindustrie, kann diesen Wanderservice bieten.

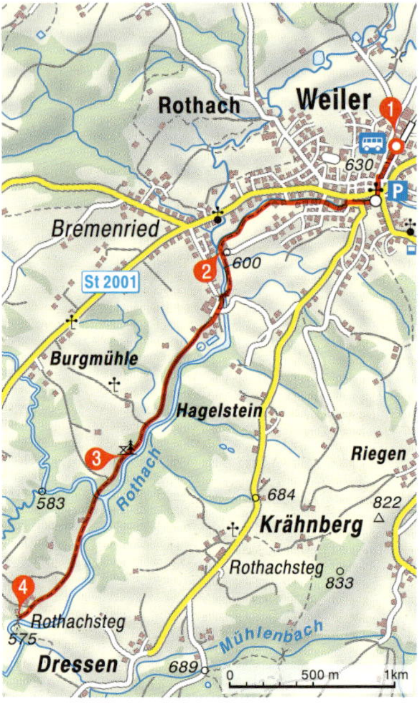

Ausgangspunkt: Busbahnhof im nördlichen Ortsbereich von Weiler, 4 km südöstlich von Lindenberg, 630 m, Parkplatz; Anfahrt: Richtung Gewerbegebiet. Bus von Lindau oder Oberstaufen, Bahn von Kempten.
Anforderungen: Vorbildlich bezeichnete Pfade und Waldwege, anfangs Fußgängerweg. Keine Anstiege.

Am Busbahnhof in **Weiler** ❶ halten wir uns Richtung Ortsmitte. Bei der Kirche und dem Kornhausmuseum, der ehemaligen Nagelschmiede, auf dem Fußgängerweg am Hausbach entlang talwärts bummelnd kommen wir an schönen Bürgerhäusern vorbei. Dieser kurzweilige Spaziergang durch den einladenden Marktflecken mit seinem unwiderstehlichen Charme ist bereits ein kleines Erlebnis für sich. Der geteerte Weg verschmälert sich und wechselt am Ortsrand in einen sonnigen Wiesenpfad. Nach dem Zusammenfluss von Rothach und Hausbach sehen wir uns am vorläufigen Wegende gezwungen, auf einem Steg das Ufer zu wechseln. Wir folgen im Ortsteil **Bremenried** ❷, 600 m, kurz links einer Straße und wandern nach der Kläranlage weiter auf unserem Flussuferkurs Richtung Siebers. Die Route an der breiten Rothach entlang, teils als Waldweg, teils als Pfad, erfreut uns mit einem erholsamen Auwald und einem versteckten **Grillplatz** ❸, 584 m.
Ab dem soliden Eisenbrücklein über die nahebei in die Rothach mündende Maisach, die zuvor noch den Leintobelbach aufgenommen hat, trifft man

nur noch eine Wiesenspur an. Man passiert einen Stadel, hält sich anschließend ganz kurz an einen Feldweg und erreicht, wieder auf einer Pfadspur, gleich nach der früheren Wirtschaft Bad Siebers mit Siebersquelle (vorzügliches Tiefenwasser) an einer ausgeprägten Flussschleife den **Rothachsteg** 4, 575 m.

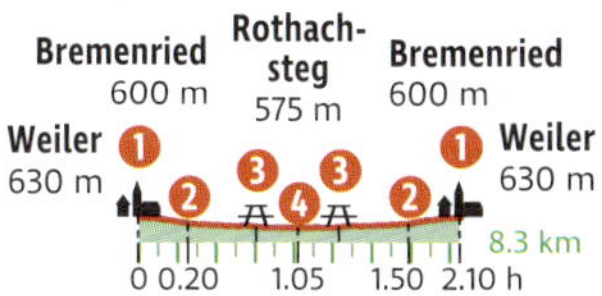

Die Wahl des Rückwegs nach **Weiler** 1 fällt leicht. Falls man sich nicht für die Tourenerweiterung über Salmers und den Enschenstein (auch Menschenstein) entscheidet: nochmals durch den prächtigen Auwald der Rothach.

Die Rothach bei der Siebersquelle.

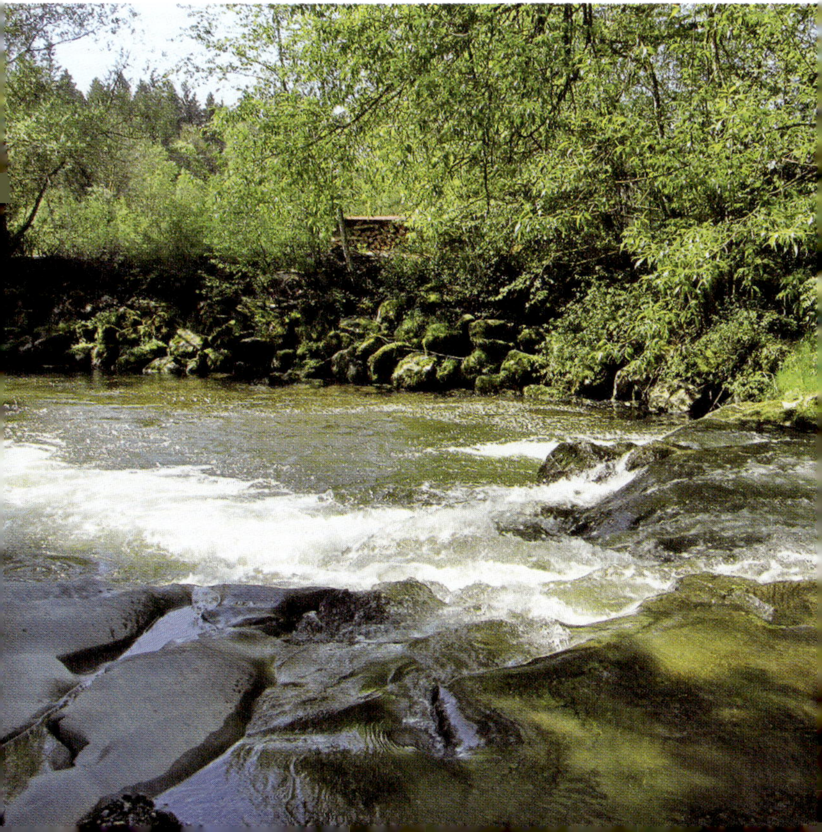

↗ 540 m | ↘ 540 m | 12.4 km

48 Halde – Schönenbühl – Sulzberg, 1013 m

3.40 h

Auf verschwiegenen Pfaden in den Vorbergen

Anspruchsvolle, mitunter völlig weglose Abschnitte verlangen es, diese ausgefuchste Unternehmung auf den vorarlbergischen Sulzberger Höhenzug als mittelschwer einzustufen.

Ausgangspunkt: Scheffauer Ortsteil Halde, 6 km südlich von Scheidegg an der Straße Weiler–Bregenz, 580 m. Parkmöglichkeit beim Gletschertopf. Bahn von Kempten nach Oberstaufen und Bus nach Scheffau, dort zu Fuß 15 Min. (etwas unangenehm!) auf öffentlicher Straße zum Gletschertopf.

Anforderungen: Gut bezeichnete Pfade, Feld- und Waldwege, kurze verkehrsarme Straßen, mehrere weglose Weidequerungen. Langer mäßig- bis mittelsteiler Aufstieg, teilweise steiler Abstieg. Bei Nässe nicht empfehlenswert.
Einkehrmöglichkeit: Schönenbühl, Sulzberg.

Am Gletschertopf in **Halde** ❶ lenkt der Wanderwegweiser »Sulzberg« bergab über eine weglose Weide. Nach einer Stufenreihe trägt uns ein Steg bei einem Einödhof über die **Rothach** ❷ nach Vorarlberg. Hinter einer Wiesenquerung begleitet ein Pfad das Waldufer abwärts zum Thaler Ortsteil **Kuhn** ❸, 580 m. Dort schwenken wir Richtung Schönenbühl in die ruhige Talstraße ein und zweigen am Anwesen **Herberg** ❹ auf ein über Wiesen-

Säntismassiv vom Weiler Gschwend.

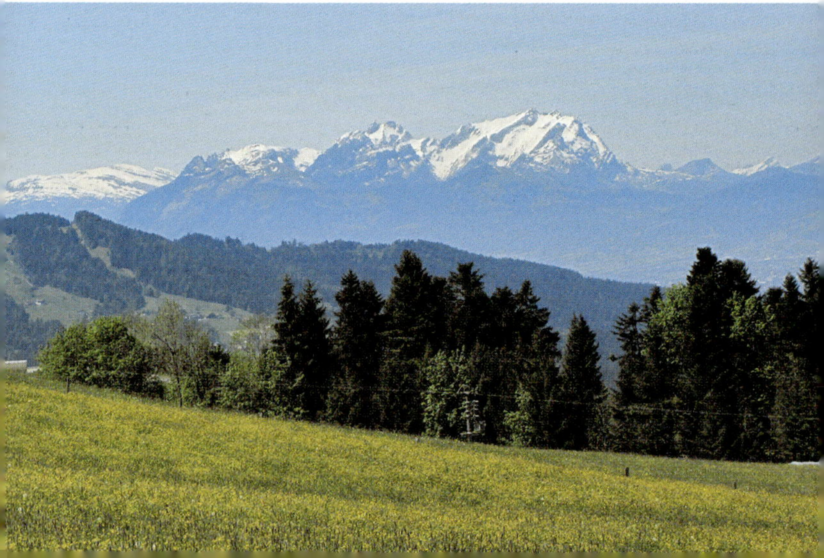

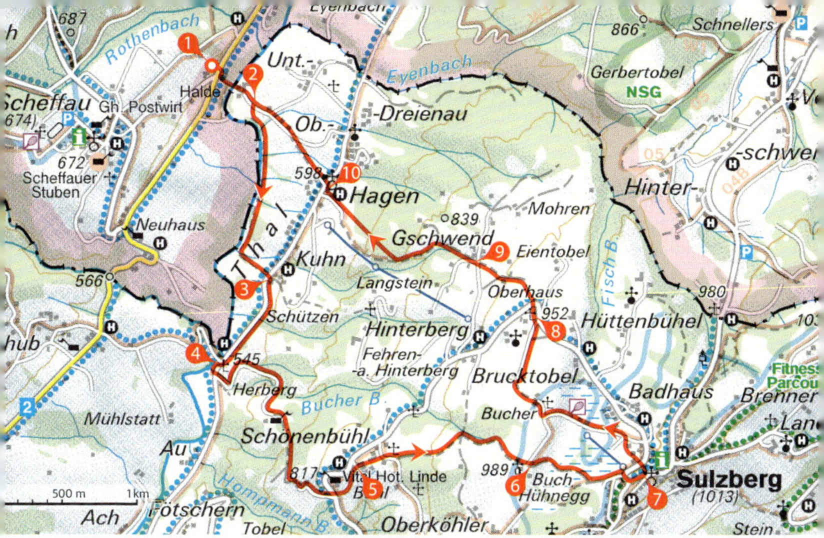

hänge steigendes Anliegersträßchen ab. Bei einem Einzelhaus endet der Weg vorläufig. Oberhalb einer weiterhin markierten Viehweide stoßen wir dann auf einen Waldpfad. Bald breitet sich ein wechselvolles Landschaftsbild vor uns aus.

Durch **Schönenbühl** 5, 833 m, leiten Wiesenpfade. Am letzten Haus richten wir uns nach der Tafel »Sulzberg über Buch« und wandern nun auf einem Feldweg entlang einem Tobel. Später zieht sich eine Pfadspur durch Wiesen bergan zum Bauernhof **Buch** 6. Erneut auf einem Feldweg spazierend erreicht man durch eine Feuchtwiesensenke die Ortsmitte von **Sulzberg** 7, wo die Sennerei Käsespezialitäten anbietet.

Richtung Gschwend bringt uns erst ein fallender Fußgängerweg, dann eine Straße zum Sportplatz. Daraufhin führt ein kleiner Gegenanstieg zu einem Einzelanwesen und nach einer kurzen Fahrspur ein Sträßchen an der winzigen Kapelle von **Oberhaus** 8, 952 m, vorbei. Auf einer Pfadspur bummeln wir über Wiesen hinunter zu den verstreuten Höfen von **Gschwend** 9, 863 m. Der jetzt an einem weiteren Tobel ansetzende Waldweg wird bald von einem im unteren Bereich abschüssigen Pfad abgelöst. In **Thal** 10, 598 m, zeigt das Schild »Scheffau« zur bekannten Querung über die **Rothach** 2. Kurz darauf trifft man wieder beim Ausgangspunkt in **Halde** 1 ein.

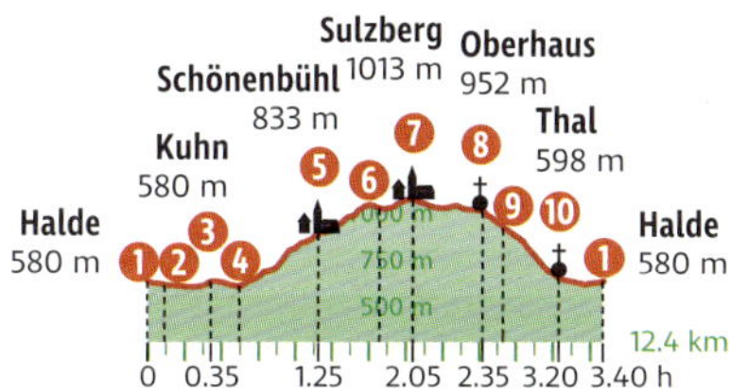

↗ 260 m | ↘ 260 m | 10.0 km

49 Oberreute – Hochsträß, 1041 m

2.45 h

Einsame Moorhöhen über der Queralpenstraße

Stress gilt im Westallgäu als Fremdwort, obwohl etwa der Name unseres Tourenziels eine ganz schöne Hektik vermuten lässt. Bei näherer Bekanntschaft erweist sich das Hochsträß als recht gemütliches Wandergebiet. Unsere Abstiegsroute führt am Wildrosenmoos mit Moortümpeln und seltenen Pflanzen und Tierarten vorbei, einer ganz eigenwilligen Hochmoorszenerie. Ein Stück Allgäu wie vor Jahrtausenden.

Ausgangspunkt: Bushaltestelle an der Kirche von Oberreute (Westallgäu), 857 m; Parkplatz. Bus von Oberstaufen, Bahn von Kempten.

Anforderungen: Gut bezeichnete Wirtschafts- und Waldwege, Pfade und kurze Sträßchen, zuletzt Wiesenspur. Leichte Anstiege.

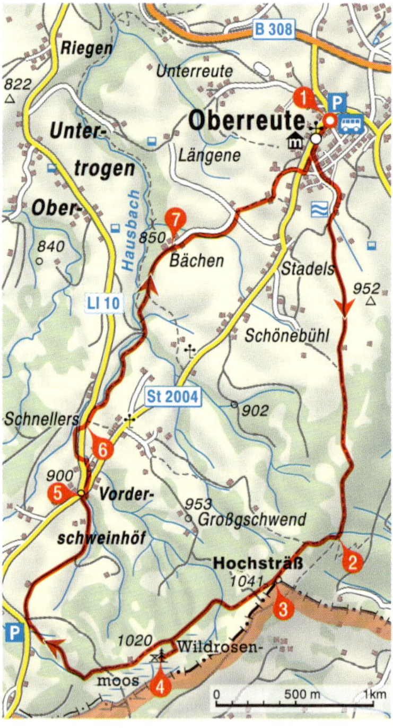

Von der Kirche in **Oberreute** ❶ gehen wir am Skimuseum vorbei und folgen der Straße zum Freibad. Dort beginnt als Wirtschaftsweg der nach Hochsträß beschilderte Naturlehrpfad. Aussichtsreiche Weidehänge leiten bergan. Der Erholungskurs verschmälert sich im Wald »Auf dem Geseß« zum Grenzerpfad, einem früheren Schmugglerweg.

Nach dem Bruckmoos heißt die nächste Station Rastplatz **Kalter Brunnen** ❷, 982 m. Ab dem höchsten Punkt auf dem **Hochsträß** ❸ wählen wir die in leichtem Auf und Ab nach Hinterschweinhöf führende Route. Ein kurzer Abzweiger leitet auf einem

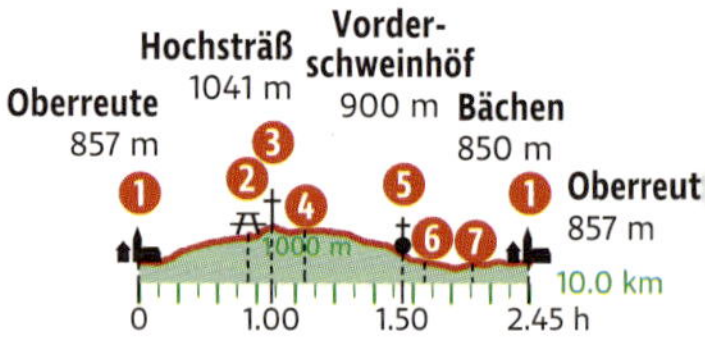

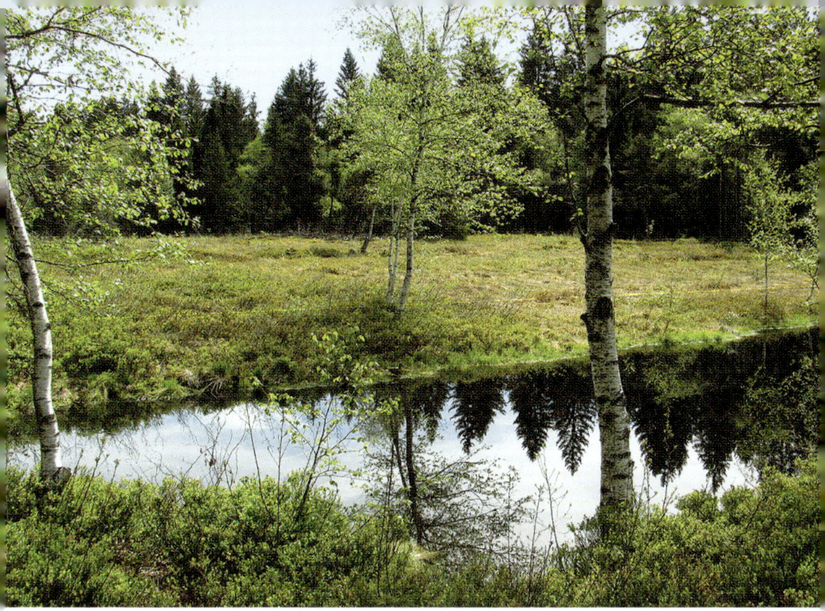

Frühling am Moorweiher.

Bohlenweg zum Moorweiher mit Rastbänken im Hochmoor **Wildrosenmoos** 4, 1020 m.
Wieder auf dem Hauptweg bringt uns ein Pfad über die folgende Wiesenkuppe. Bald danach geht es an einer Waldwegteilung bergab über Lichtungen zum Parkplatz Hinterschweinhöf. Ab der Einmündung in die Staatsstraße nach Sulzberg folgt die Route Richtung Schnellers einem Anliegersträßchen und zwischendurch einem Wirtschaftsweg.
Im Ort **Vorderschweinhöf** 5, 900 m, queren wir die Staatsstraße, gehen auf einem Pfad nach **Schnellers** 6 und folgen dort dem Pfad Richtung Hausbachklamm. Nach einer Reihe von Stegen über Zuflüsse führt ein Feldweg hinauf zum Weiler **Bächen** 7, 850 m, und ein Anliegersträßchen sowie eine abschließende Wiesenspur zurück zum Ausgangspunkt in **Oberreute** 1.

Schneeschmelze im Wildrosenmoos.

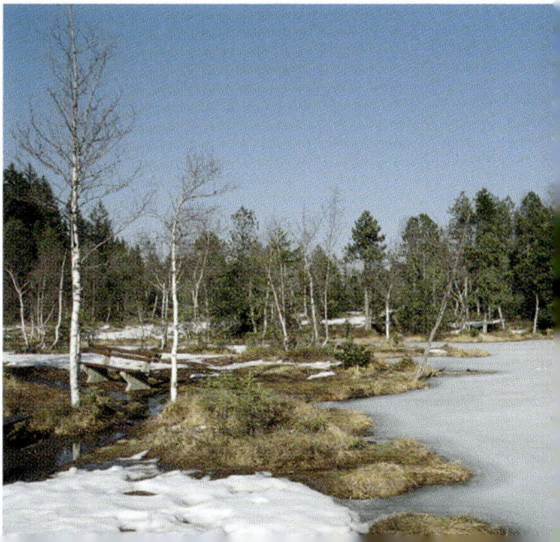

↗ 680 m | ↘ 680 m | 12.7 km

50 Steibis – Hochhäderich, 1566 m – Falken

4.00 h

Luftiges Gipfelduo mit attraktivem Bodenseeblick

Die einzige alpine Unternehmung dieser Tourenauswahl hat im Naturpark Nagelfluhkette zwei echte Allgäuer Felsgipfel zum Ziel. Der Hochhäderich mit seiner bevorzugten Fernsicht zum Bodensee wartet zudem mit einer kitzligen Überraschung auf: einem Mini-Klettersteig für erfahrene Bergwanderer.

Ausgangspunkt: Bushaltestelle an der Imbergbahn in Steibis (Gemeinde Oberstaufen über der Weißach), 910 m; Parkplatz. Bus von Oberstaufen, Bahn von Kempten.
Anforderungen: Meist gut bezeichnete Pfade und zum Teil ausgesetzte, mit Drahtseilen gesicherte Steige, Alpwege und Anliegersträßchen. Längerer steiler Auf- und Abstieg. Auch bei leichter Umgehung der schweren felsigen Schlusspassage nur für Geübte bei zuverlässigem Wetter, leichte Kletterstellen (I). Trittsicherheit und Schwindelfreiheit erforderlich. Nicht bei Nässe!
Einkehrmöglichkeit: Imberghaus, Berggasthof Hochbühl, Alpengasthof Hörmoos, Alpengasthaus Hochhäderich.

Anregender Felsgrat vom Hochhäderich zum Falken.

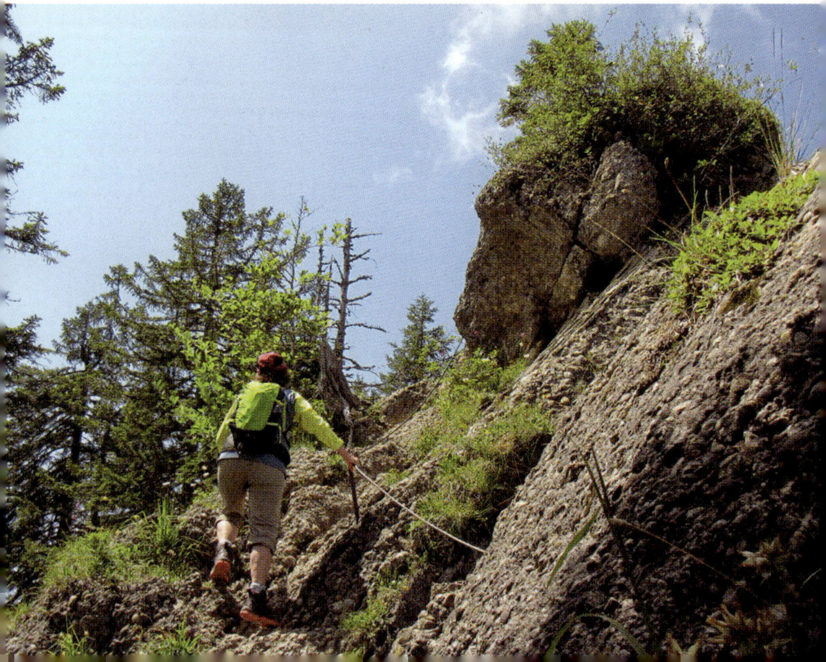

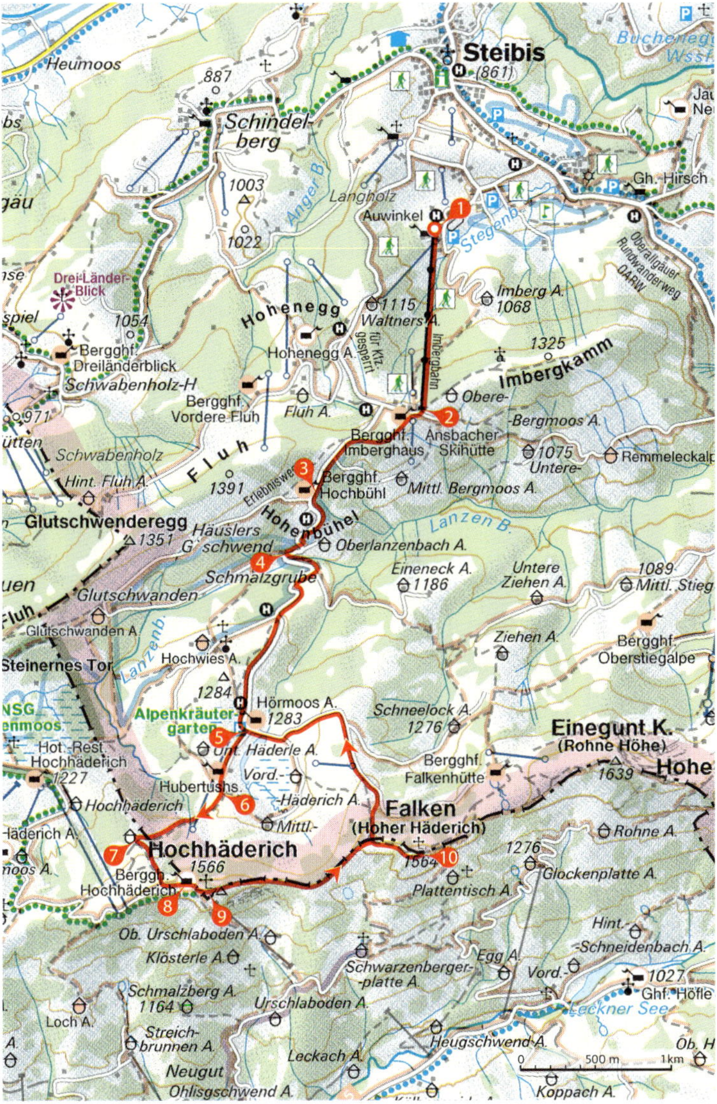
Steibis
(861)
Heumoos
887
Schindel-
berg
1003
1022
Anger B.
Langholz
Auwinkel
Stegenb.
Gh. Hirsch
Oberallgäuer Rundwanderweg OARW
Drei-Länder-
Blick
1054
Bergghf.
Dreiländerblick
Schwabenholz-H
Hohenegg
Hohenegg A.
1115
Waltners A.
für Kfz gesperrt
Imbergbahn
Imberg A.
1068
1325
Imbergkamm
Obere-
-Bergmoos A.
Bergghf.
Vordere Fluh
Fluh A.
Bergghf.
Imberghaus
Ansbacher
Skihütte
1075
Untere-
Remmeleckalp
971
Schwabenholz
Fluh
Hint. Fluh A.
1391
Erlebnisweg
Bergghf.
Hochbühl
Mittl. Bergmoos A.
Glutschwenderegg
1351
Häuslers
G'schwend
Hohenbühel
Oberlanzenbach A.
Lanzen B.
Schmalzgrube
Eineneck A.
1186
Untere
Ziehen A.
1089
Mittl. Stieg
Glutschwanden
Glutschwanden A.
Ziehen A.
Bergghf.
Oberstiegalpe
Steinernes Tor
Lanzenb.
Hochwies A.
1284
Hörmoos A.
1283
Alpenkräuter-
garten
Schneelock A.
1276
Einegunt K.
(Rohne Höhe)
Hot.-Rest.
Hochhäderich
1227
Unt. Häderle A.
Vord.-
-Häderich A.
Bergghf.
Falkenhütte
1639
Hubertushs.
Hochhäderich
Mittl.-
Falken
(Hoher Häderich)
Rohne A.
Hochhäderich
1566
1564
1276
Glockenplatte A.
Plattentisch A.
Bergghf.
Hochhäderich
Ob. Urschlaboden A.
Klösterle A.
Hint.-
-Schneidenbach A.
Egg A.
Schwarzenberger-
-platte A.
Vord.-
1027
Ghf. Höfle
Schmalzberg A.
1164
Urschlaboden A.
Leckner See
Loch A.
Streich-
brunnen A.
Heugschwend A.
Leckach A.
Neugut
Ohlisgschwend A.
Koppach A.
0
500 m
1 km

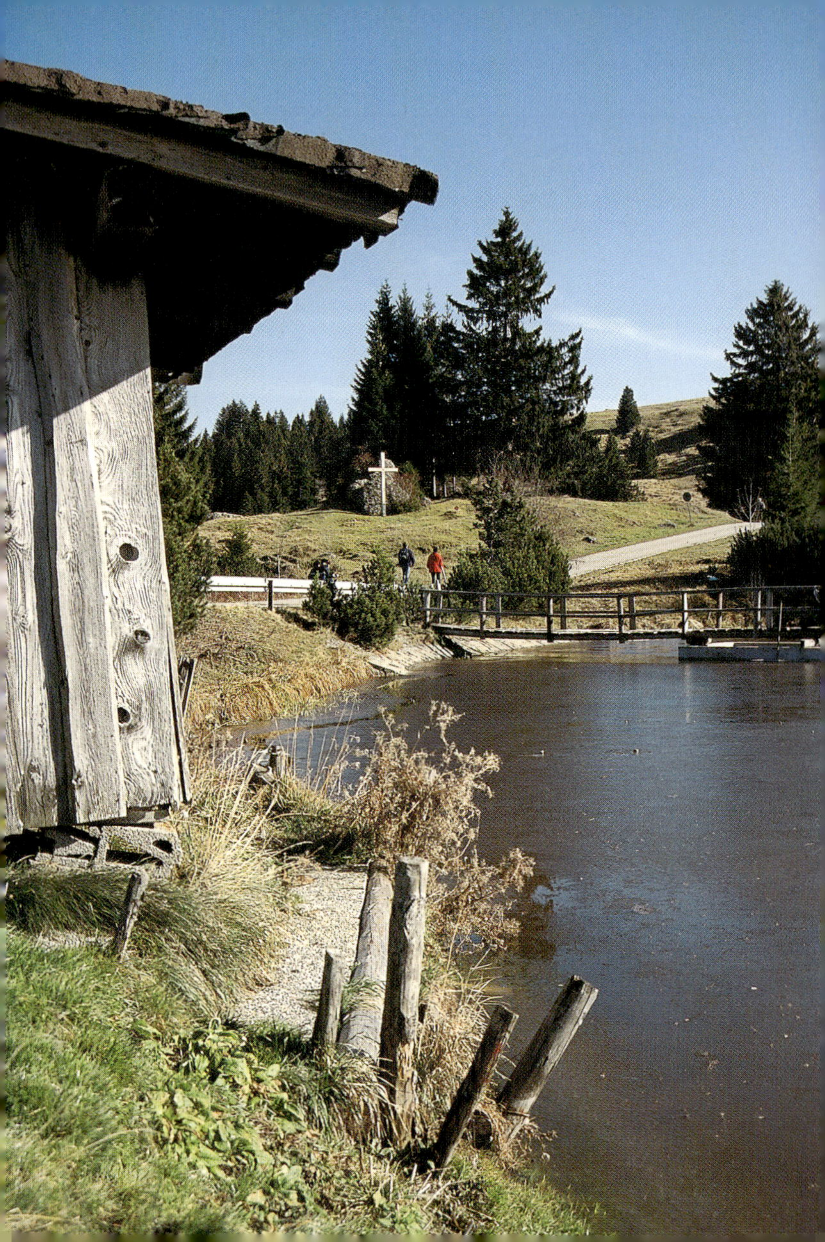

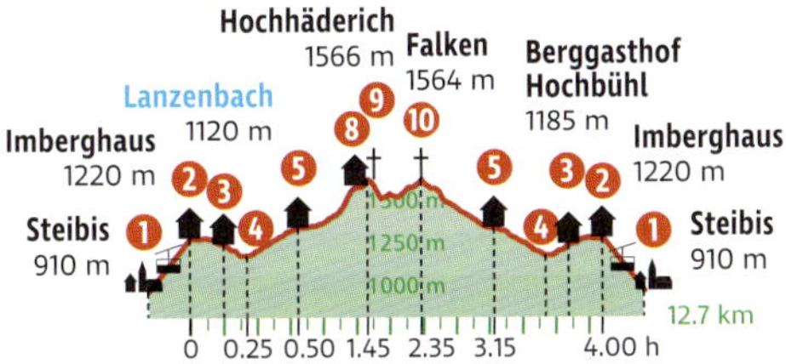

Die Gondel der Imbergbahn schaukelt uns von **Steibis** ❶ zur Bergstation beim **Imberghaus** ❷, 1220 m. Ein Wanderweg und später ein Anliegersträßchen leiten in Kürze zum **Berggasthof Hochbühl** ❸.
Dort senkt sich eine Serpentine über den Weidehang der Oberlanzenbachalp in das vom jungen **Lanzenbach** ❹ eingekerbte Tälchen. Nach dessen Querung haben wir einen Gegenanstieg zum Alpengasthof **Hörmoos** ❺, 1283 m (auch Hörmoosalpe, mit Kräutergarten und Teich), am Hörmoossee zu absolvieren.
Hinter dem nahen **Hubertushaus** ❻ wandern wir auf einem anfangs gemütlichen Pfad aufs Hochhäderich-Gipfelkreuz zu und bald, weiterhin in Gesellschaft des Weideviehs, auf nur noch spärlich markierter Route über die Grenze nach Vorarlberg zur Kleinen **Häderichalpe** ❼. Danach mühen wir uns steil empor zum Güterweg beim **Alpengasthaus Hochhäderich** ❽, 1530 m. Auf einem Pfad ist im Nu der **Hochhäderich** ❾ erstiegen.
Wir wählen nun entlang der Landesgrenze den abenteuerlich anmutenden Steig Richtung Falken. Der sehr schmale und ausgesetzte, mit längeren Drahtseilen gesicherte Nagelfluh-Schrofengrat, bis obenhin mit wenigen Fichten bestockt, erfordert unsere ganze Aufmerksamkeit. Über eine Zwischenerhebung entscheiden wir uns für den ausgeschilderten schweren Wegabschnitt, wobei eine gut griffige Platte einen nahezu senkrechten Kraftakt mit leichter Kletterei (I) einleitet. Nach dem folgenden Sattel, 1450 m, erblicken wir eine Seemulde und ersteigen einen kleinen Weiderücken. Dann setzt ab einer Schulter der kurze Schlussaufstieg an über eine bewaldete Schrofenstufe zum **Falken** ❿, 1564 m.
Zurück auf der Schulter führt ein steiler Waldabstieg zu einem Alpsträßchen, auf dem man in Kürze wieder den Alpengasthof **Hörmoos** ❺ erreicht. Dort nimmt man den vorgestellten Weg nach **Steibis** ❶ auf.
Unmittelbar neben der Einkehr kann sich der Wanderer in »Michels Kräuter-Alp« mit schonend hergestellten Edelbränden und Likören, Ölen und Elixieren eindecken. Diese höchstgelegene Brennerei des Allgäus verwendet nur Bergkräuter aus der unmittelbaren Umgebung (Samstag bis Montag und an Feiertagen 14.30–16.30 Uhr, www.kraeuteralp.de).

Am Nordfuß des Hochhäderich passiert man den Hörmoossee.

STICHWORTVERZEICHNIS

Umschlagbild:
Vom verwinkelten Meersburg geht die Fähre nach Konstanz.

Bild im Innentitel:
Die sogenannte Alte Dame, das Dreideck-Passagierschiff »Baden«, im Wasserburger Hafen.

Alle Fotos vom Autor.

Kartografie:
50 Wanderkärtchen im Maßstab 1:50.000, © Freytag & Berndt, Wien, außer S. 120, 122 und 126 © Bergverlag Rother GmbH, München (gezeichnet von Angelika und Gerhard Tourneau);
Übersichtskarten im Maßstab 1:500.000 und 1:1.000.000 © Freytag & Berndt, Wien.

5., überarbeitete Auflage 2022

ISBN 978-3-7633-4347-8

MIX
Papier aus verantwortungsvollen Quellen
FSC® C021956

Wir freuen uns über jeden Korrekturhinweis zu diesem Wanderführer!
Bitte per E-Mail an: leserzuschrift@rother.de

ROTHER BERGVERLAG · Keltenring 17 · D-82041 Oberhaching
Tel. +49 89 608669-0 · www.rother.de